Hi! KOREAN

Student's Book

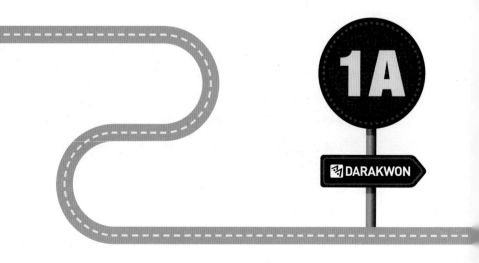

1A

DARAKWON

머리말

한국어 수업 현장에서 만나는 학습자들에게 한국어를 배우는 이유를 물으면 으레 '한국 문화가 좋아서'라고 답합니다. 어찌 보면 우문에 현답 같은 이 말 속에는 언어와 문화의 관계에 대해 굳이 거창하게 언급할 필요도 없을 만큼 이미 많은 것이 담겨 있으며, 이는 한국어 학습의 가장 기초적인 도구이자 관문이 될 수 있는 교재를 만들고자 할 때 좋은 길잡이가 되어 준 동시에 큰 숙제이기도 했습니다. 더불어 '활자 상실의 시대'라는 말이 과하지 않을 정도로 영상 콘텐츠가 대세인 환경에서 한국어 학습에 다시금 교재의 필요성과 중요성을 확인시켜야 할 의무감도 있었습니다. "Hi! Korean"은 이러한 고민들 속에서 시작되었고 여러 집필진들의 노력 끝에 출간하게 되었습니다.

본 교재는 말하기·듣기·읽기·쓰기 영역의 통합 교재로 다양한 교육 기관에서 정규 과정에 활용할 수 있도록 구성하였습니다. 또한 교육 기관을 통하지 않고 한국어를 배우고자 하는 개인 학습자들도 고려하여 교재만으로도 한국어를 학습하는 데 큰 어려움이 없도록 주의를 기울였습니다. 기본적으로는 초급부터 고급까지 구성의 일관성을 유지하며 말하기·듣기·읽기·쓰기 영역을 유기적으로 제시하되 각 단계별 특징을 고려하여 구성에 일부 차이를 두었습니다. 특히 듣기와 읽기를 과마다 제시하는 대신 과별 분리 제시하여 영역별 학습 집중도를 높이고 동일한 구성이 가져올 수 있는 지루함도 다소 덜어 내고자 하였습니다. 또한 듣기와 읽기 학습 시 문제 풀이 중심에서 벗어나 말하기로 정리하게 함으로써 의사소통 역량을 키우는 데 중점을 두었습니다. 더불어 기능별 심화 학습이 이루어질 수 있도록 초급과 고급까지 대단원마다 쓰기 및 말하기 항목을 따로 두어 초급과 중급에서 체계적으로 학습하고, 이후 고급의 심화 단계에서 응용할 수 있도록 하였습니다. 마지막으로 단원의 주제와 내용을 통해 한국의 오늘을 보다 현실감 있게 보여 주려고 노력하였는데, 이때 실제로 언어가 사용되는 환경과 동떨어지지 않으면서 동시에 학습에 적합한 내용을 제시하기 위해 내용은 물론 사진이나 삽화 등의 선택에도 끊임없이 고민하였습니다. 이러한 노력은 결국 이 책을 사용하여 한국어의 아름다움과 마주하게 될 미지의 학습자들을 위한 것으로 그들의 학습 여정에 도움이 될 수 있었으면 합니다.

서두에 밝힌 바와 같이 크고 무거운 숙제를 안고 교재 출간이 기획되었고 오랜 기간 여러 선생님들의 헌신과 노력 끝에 "Hi! Korean"이 완성되었습니다. 본 교재는 전·현직 홍익대학교 국제언어교육원의 한국어 교사들이 중심이 되어 기획 및 집필의 모든 과정을 함께 하였는데 쉼없이 강의와 집필을 병행하시느라 고생하신 선생님들께 감사드립니다. 또한 옆에서 항상 응원해 주신 홍익대학교 국제언어교육원 동료 선생님들과 처음부터 끝까지 모든 과정에서 세심하게 챙겨 주시고 이끌어 주신 정은화 선생님께 깊은 감사를 드립니다. 마지막으로 편집 및 출판을 맡아 주신 다락원 관계자 분들께도 감사의 말씀을 전합니다.

"Hi! Korean" 집필진 일동

Preface

If you ask the students you meet in a Korean language class why they're studying Korean, they'll usually reply, "Because I like Korean culture." In this wise answer to a silly question, we can see that the relationship between language and culture is already so established that there's no need to refer to it in exaggerated terms, this proved both an excellent guide as well as a serious task to complete when we decided to make Korean textbooks that could be the most basic tools and gateways to learning Korean. What's more, there was a sense of obligation to confirm anew the necessity and importance of textbooks in learning Korean in an environment so saturated with video content that to call it an "era of the loss of text" would not be excessive. "Hi! Korean" began from these concerns and was published after the end of a concerted effort by a team of writers.

This textbook is an integrated textbook combining speaking, listening, reading and writing, designed for use in regular courses in a variety of educational institutions. In addition, in consideration of individual learners who have decided to study Korean without going through an educational institution, attention has been paid so that there will be no great difficulty in learning Korean even through textbooks alone. Basically, the composition of the books remains consistent from the beginner to advanced levels, with speaking, listening, reading and writing presented organically, although there are some differences made in consideration of the characteristics of each level. In particular, instead of presenting listening and reading for each chapter, we provided section divisions in order to increase concentration in learning for each area, while seeking to lessen to a degree the boredom that a strictly uniform text can create. In addition, we took focus off of problem solving while studying reading and writing, and instead placed focus on improving communication skills by having learners organize and review through speaking. And for advanced learning by function, writing and speaking items have been set aside for each unit from the beginner to the advanced level, allowing for systematic learning at the beginner and intermediate levels and application of this learning at the advanced level. Finally, we tried to provide a realistic look at the Korea of today through the theme and contents of each chapter, and at the same time, in order to present material suitable for learning, we constantly thought about choosing not just content, but also pictures, illustrations, etc. that didn't stray too far from the environment in which language is actually used. These efforts are intended for yet-unknown learners who will eventually come face to face with the beauty of Korean using this book, and I hope it will be of help to them on their learning journey.

As I revealed at the start, the publication of this textbook was planned with the serious, heavy task it entailed in mind, and at the end of a long period of dedication and effort by many teachers, "Hi, Korean" has been completed. The text was led by former and current teachers at Hongik University's International Language Institute who worked hard to take on all tasks of planning and writing these books together, and I would like to give my thanks to these teachers who worked without rest to write and teach classes at the same time. I would also like to give my deep gratitude to my fellow teachers at Hongik University's International Language Institute who always supported me by my side, as well as to teacher Jeong Eun-hwa, who took great care in carrying the entire process from beginning to end. Finally, I would like the thank the people at Darakwon who were in charge of editing and publishing.

Authors of "Hi! Korean" Series

일러두기

〈Hi! Korean Student's Book1〉은 '1단원~12단원'으로 구성되어 있고 한 단원은 '소단원 1, 2, 한 단계 오르기' 로 이루어져 있다. '소단원 1'은 '어휘, 문법, 대화, 듣고 말하기, 발음', '소단원 2'는 '어휘, 문법, 대화, 읽고 말하기, 문화', '한 단계 오르기'는 '어휘 늘리기, 문법 늘리기, 말하기, 쓰기'로 구성되었다.

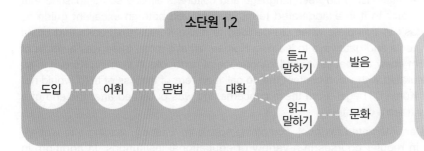

소단원 1,2

도입 --- 어휘 --- 문법 --- 대화 --- 듣고 말하기 --- 발음

대화 --- 읽고 말하기 --- 문화

한 단계 오르기

- 어휘 늘리기
- 문법 늘리기
- 말하기
- 쓰기

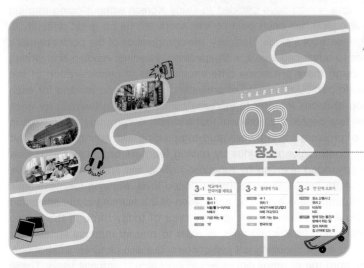

단원 소개

단원의 주제와 학습 목표를 알려 준다.

어휘

단원의 주제와 관련된 어휘를 그림이나 사진과 함께 제시한다.

소단원 1, 2

도입

학습할 내용을 추측할 수 있도록 주제와 관련된 사진과 질문을 제시한다.

문법 ‘문법 제시’, ‘연습’, ‘활동’으로 구성된다.

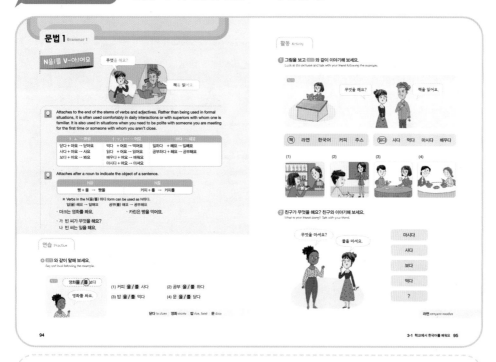

소단원 당 목표 문법을 2개씩 제시한다. 상황 제시 그림, 도식화된 형태 정보, 예문을 제시하여 목표 문법에 대한 이해를 돕는다. 연습과 활동을 통해 목표 문법의 활용을 연습한다.

대화 ‘대화문’, ‘연습’으로 구성된다.

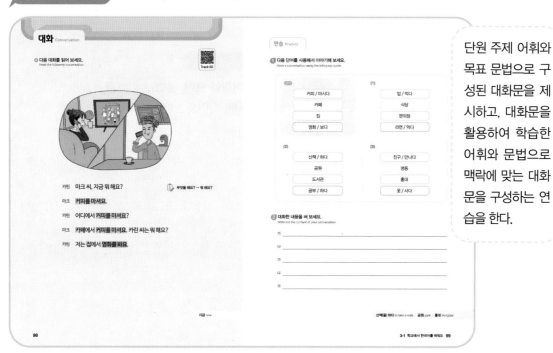

단원 주제 어휘와 목표 문법으로 구성된 대화문을 제시하고, 대화문을 활용하여 학습한 어휘와 문법으로 맥락에 맞는 대화문을 구성하는 연습을 한다.

듣기 1, 2로 구성되어 있다.

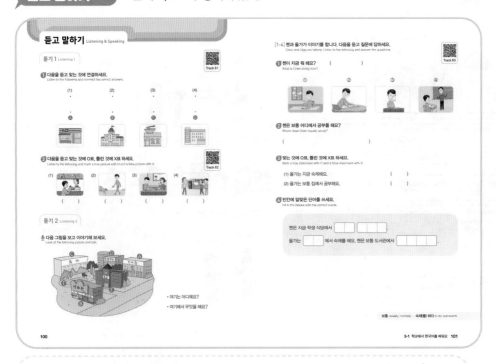

듣기 1에서는 학습한 문법과 표현으로 구성된 짧은 텍스트로 듣기 연습을 한다. 듣기 2 는 사진과 그림을 이용한 듣기 전 활동, 내용 이해 중심의 듣기 활동, 듣기 내용과 연계된 말하기 중심의 듣기 후 활동으로 이루어진다.

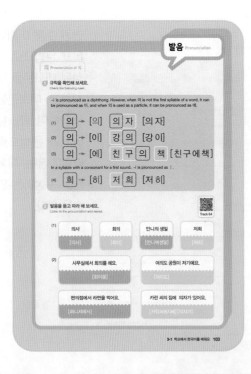

발음 Pronunciation

단원의 어휘와 표현, 문법과 관련된 발음 규칙을 확인하고 연습한다.

읽고 말하기
읽기 1, 2로 구성되어 있다.

읽기 1에서는 학습한 문법과 표현으로 구성된 짧은 텍스트로 읽기 연습을 한다. 읽기 2는 사진과 그림을 이용한 읽기 전 활동, 내용 이해 중심의 읽기 활동, 읽기 내용과 연계된 말하기 중심의 읽기 후 활동으로 이루어진다.

문화

단원의 주제와 관련된 한국 문화를 사진이나 그림과 함께 소개한다.

어휘 늘리기

어휘 늘리기 1, 2로 구성되어 있다. 단원의 주제와 관련된 어휘를 확장하여 제시한다.

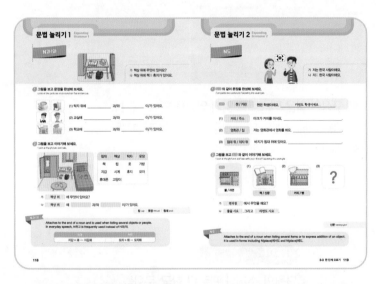

문법 늘리기

문법 늘리기 1, 2로 구성되어 있다. 단원에서 학습한 목표 문법 중 의미 확장이 필요한 문법이나 초급에서 필요한 문법을 제시하고 연습한다.

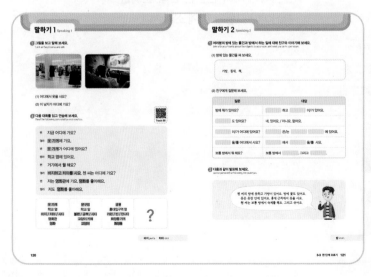

말하기

말하기 1, 2로 구성되어 있다. 학습한 문법과 주제를 아울러 유의미한 담화를 구성하고 자연스럽게 상호작용한다. 이후 자신의 생각을 정리하고 발표한다.

쓰기 1, 2로 구성되어 있다.

쓰기 1 Writing 1

◎ 다음 그림을 보고 단어를 사용해서 문장을 쓰세요.
Look at the following pictures and use the words to write sentences.

| 불편 | 화장품 | 공책 | 옷 | 사다 | 구경하다 |

1층에 은행과 옷 가게가 있어요.

옷 가게에서 _____

쓰기 2 Writing 2

◎ 여러분 집의 위치와 집 근처에 있는 것을 쓰세요.
Write about the location of your house and your neighborhood.

1 어휘를 정리해 보세요.
Preview the vocabulary.

(1) 집 근처에 무엇이 있어요?

| 편의점 | 은행 | 학교 |

(2) 집 약도를 ▨ 와 같이 간단하게 그려 보세요.

2 내용을 정리해 보세요.
Preview the content.

(1) 집이 어디에 있어요? 우리 집은 _____ 에 있어요.

(2) 집 근처에 무엇이 있어요? 집 근처에 _____ 과/와 _____ 이/가 있어요.
그리고 건너편에 _____ 도 있어요.

(3) 어디에 자주 가요? 저는 _____ 에 자주 가요.

(4) ○○이/가 어디에 있어요? _____ 은/는 _____ 에 있어요.

(5) 거기에서 무엇을 해요? _____ 에서 _____ .

3 다음 문법과 표현을 사용해서 글을 써 보세요.
Write a passage using the following grammar and expressions.

| ☐ N에서 | ☐ N과/와 | ☐ N도 |
| ☐ N에 가다 | ☐ N이/가 N에 있다/없다 | ☐ N을/를 V-아/어요 |

우리 집은 ▨ 에 있어요.

_____

_____

_____

_____

_____

4 쓴 내용을 발표해 보세요.
Give a presentation of your writing.

단원에서 학습한 문법과 주제를 아울러 간단한 문장 구성하기, 글의 개요 구성하기, 제시 문법 사용하여 글쓰기의 순으로 단계적인 쓰기 연습을 한다. 이후 쓴 내용을 바탕으로 발표한다.

부록 Appendix

정답 Answers

듣기 대본 · 읽기 지문 번역
Listening Scripts · Reading Text Translations

대화 번역
Conversation Translations

문법 및 발음 설명 번역
Grammar and Pronunciation Explanation Translations

색인 Index

부록

부록에서 정답, 듣기 대본 및 읽기 지문 번역, 대화 번역, 문법 및 발음 설명 번역, 어휘 색인을 제공하여 학습한 내용을 확인할 수 있게 한다.

How to Use This Book

"Hi! Korean Student's Book 1" consists of chapters 1 through 12, with each chapter broken up into "Sub-Chapter 1," "Sub-Chapter 2," and "Step Up!" sections. Each sub-chapter 1 contains vocabulary, grammar, conversation, listening, speaking, and pronunciation sections. Sub-chapter 2 contains vocabulary, grammar, conversation, reading and speaking, and culture sections. "Step Up!" contains "Expanding Vocabulary," "Expanding Grammar," speaking, and writing sections.

Unit 1, 2

Introduction — Vocabulary — Grammar — Conversation

Listening & Speaking — Pronunciation

Reading & Speaking — Culture

Step Up

- Expanding Vocabulary
- Expanding Grammar
- Speaking
- Writing

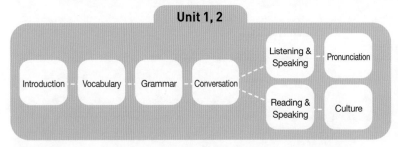

Chapter Intro

Introduces the topic and learning objectives of the chapter.

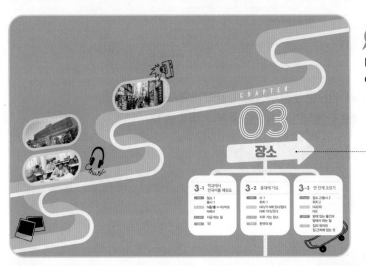

Vocabulary

Vocabulary related to the topic of the unit is presented with pictures.

Unit 1, 2

Introduction

Presents pictures and questions related to the topic to give you an idea of what you will be learning

Grammar

Divided into "Grammar Presentation," "Practice," and "Activities" sections.

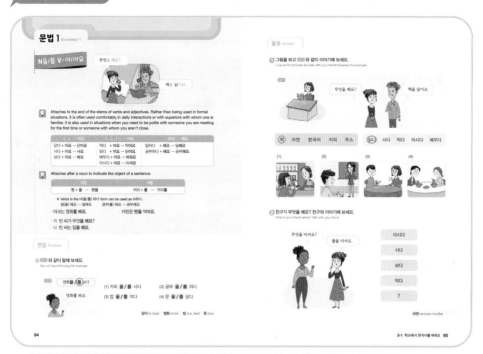

Two target grammatical constructions are presented per sub-chapter. Situational pictures, conjugation and form tables, and example sentences are provided to aid in the understanding of the target grammar. Practice using the target grammar with the "Practice" and "Activities" sections.

Conversation

Divided into "Conversation Texts" and "Practice" sections.

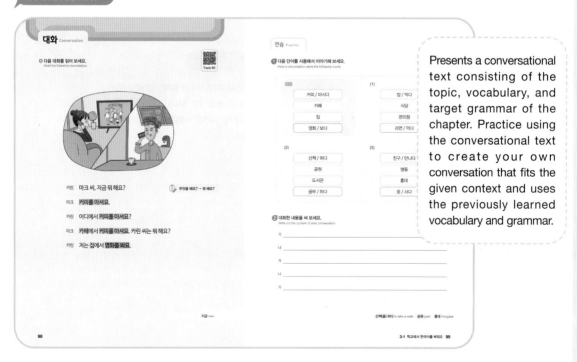

Presents a conversational text consisting of the topic, vocabulary, and target grammar of the chapter. Practice using the conversational text to create your own conversation that fits the given context and uses the previously learned vocabulary and grammar.

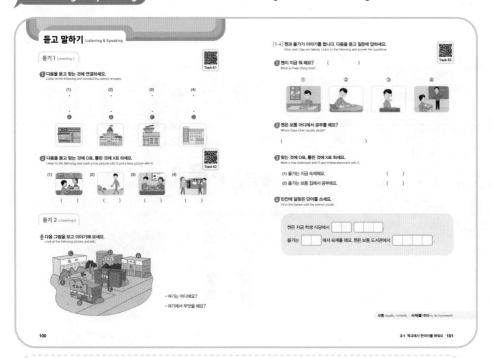

In "Listening 1," practice listening to a short text made up of the previously learned grammar and expressions. "Listening 2" consists of pre-listening activities using pictures and images, listening activities centered on understanding the content of a passage, and speaking-focused post-listening activities that relate to the listening content.

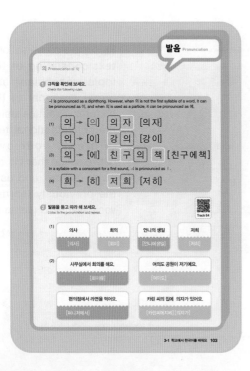

Pronunciation

Check and practice pronunciation rules related to the chapter's vocabulary and expressions or grammar.

Divided into "Reading 1" and "Reading 2" sections.

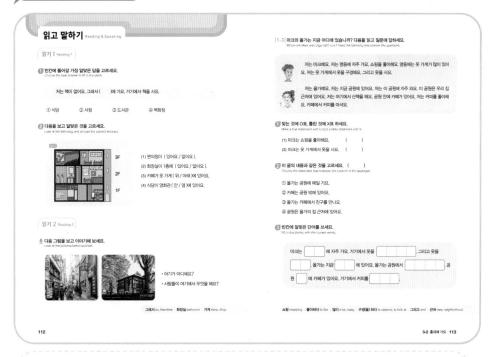

In "Reading 1," practice reading a short text comprised of previously learned grammar and expressions. "Reading 2" consists of pre-reading activities using pictures and images, reading activities centered on understanding the content of a passage, and speaking-focused post-reading activities that relate to the reading content.

Culture

Korean culture related to the topic of the chapter is introduced along with pictures or images.

Step Up!

Expanding Vocabulary

Divided into "Expanding Vocabulary 1" and "Expanding Vocabulary 2." Presents an expansion of vocabulary related to the topic of the chapter.

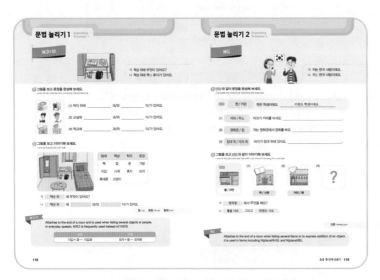

Expanding Grammar

Divided into "Expanding Grammar 1" and "Expanding Grammar 2." Presents necessary grammar points to expand the meaning of target grammar learned in the chapter (or necessary grammar at the beginner level) with practice exercises.

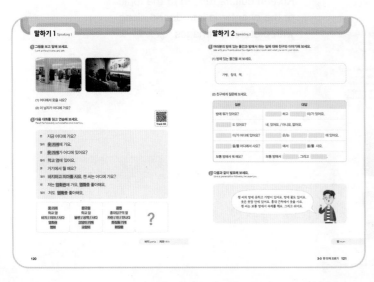

Speaking

Divided into "Speaking 1" and "Speaking 2." Construct meaningful discourse and natural interactions in addition to the grammar and topic learned in the chapter. Afterwards, practice speaking by organizing your thoughts and even giving a presentation.

Writing   Divided into "Writing 1" and "Writing 2" sections.

쓰기 1 Writing 1

다음 그림을 보고 단어를 사용해서 문장을 쓰세요.
Look at the following pictures and use the words to write sentences.

| 불편 | 화장품 | 공책 | 옷 | 사다 | 구경하다 |

1층에 은행과 옷 가게가 있어요.
옷 가게에서 _____

쓰기 2 Writing 2

여러분 집의 위치와 집 근처에 있는 것을 쓰세요.
Write about the location of your house and your neighborhood.

어휘를 정리해 보세요.
Review the vocabulary.

(1) 집 근처에 무엇이 있어요?

| 편의점 | 은행 | 학교 | |

(2) 집 약도를 █████와 같이 간단하게 그려 보세요.

내용을 정리해 보세요.
Review the contents.

(1) 집이 어디에 있어요?   우리 집은 _____ 에 있어요.

(2) 집 근처에 무엇이 있어요?   집 근처에 _____ 과/와 _____ 이/가 있어요.
그리고 건너편에 _____ 도 있어요.

(3) 어디에 자주 가요?   저는 _____ 에 자주 가요.

(4) ○○이/가 어디에 있어요?   _____ 은/는 _____ 에 있어요.

(5) 거기에서 무엇을 해요?   _____ 에서 _____ .

다음 문법과 표현을 사용해서 글을 써 보세요.
Write a passage using the following grammar and expressions.

| □N에서 | □N과/와 | □N도 |
| □N에 가다 | □N이/가 N에 있다/없다 | □N을/를 V-아/어요 |

우리 집은 ██████ 에 있어요.
_____
_____
_____
_____

쓴 내용을 발표해 보세요.
Give a presentation of your writing.

122   3-3 한 단계 오르기 123

In addition to the grammar and topic learned in the chapter, practice writing step by step, constructing simple sentences, summarizing texts, writing passages with the provided grammar, and even giving a presentation on the background of your written content.

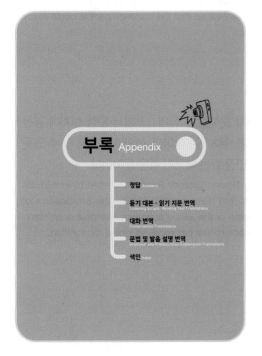

부록 Appendix

- 정답 Answers
- 듣기 대본·읽기 지문 번역 Listening Scripts·Reading Text Translations
- 대화 번역 Conversation Translations
- 문법 및 발음 설명 번역 Grammar and Pronunciation Explanation Translations
- 색인 Index

Appendix

The appendix provides best answers, translations of listening scripts, reading texts, conversations, and grammar and pronunciation explanation translations and a glossary index so you can check over the content you've learned.

한글 소개 Introduction to Hangeul

'한글'은 한국의 고유 문자로서, 세계의 문자 중 글을 만든 사람, 반포일, 제자 원리가 알려진 유일한 문자이다. 혀의 위치, 입술 모양 등 소리가 나는 원리를 파악하여 제작하였기 때문에 매우 과학적 언어라는 평가를 받고 있다.

Hangeul is the indigenous writing system of Korea, and the only one of the world's writing systems for which the creator, date of proclamation, and principles of creation are known. Because it was made by identifying the principles through which sound is created, such as the position of the tongue and the shape of the lips, it is evaluated as a highly scientific language.

훈민정음 해례본
The Hunminjeongeum Haerye

한글은 세종 28년(1446년) 음력 9월에 '훈민정음'이라는 이름으로 반포되었다. '훈민정음'이란 '백성을 가르치는 바른 소리'라는 뜻이며 훈민정음 혜례본은 한글의 창제 원리를 설명한 책이다.

In the 9th lunar month of the 28th year of King Sejong's reign (1446), the creation of Hangeul was proclaimed under the name "Hunminjeongeum.""Hunminjeongeum"means "correct sounds for the instruction of the people,"and the Hunminjeongeum Haerye is a book that explains the principles of the creation of Hangeul.

세종대왕
King Sejong

세종대왕은 조선 4대 왕으로 현재 대한민국에서 가장 존경받는 인물이다. 백성들이 쉽게 문자를 익힐 수 있도록 현재의 '한글'을 제작하였다.

King Sejong was the 4th king of the Joseon Dynasty and is the most respected historical figure in Korea today. He produced what is today known as Hangeul so that the common people could easily learn the characters.

United Nations
Educational, Scientific and
Cultural Organization

한글의 우수성
The excellence in Hangeul

'유네스코 세종대왕 문해상'은 유네스코에서 문맹 퇴치에 공헌한 개인과 단체에게 수여하는 상이다. 상의 이름에서 알 수 있듯 한글은 세계에서 인정 받는 배우기 쉬운 문자이다.

The UNESCO King Sejong Literacy Prize is awarded to individuals and organizations that have contributed to the eradication of illiteracy. As the name of the award suggests, Hangeul is an easy-to-learn set of characters that has received global recognition.

한글은 모음과 자음으로 구성되어 있다. 모음의 개수는 단모음과 이중모음을 합쳐 모두 21개이다. 모음은 혼자서도 소리를 낼 수 있으나 자음은 모음과 결합해야 소리를 낼 수 있다. 자음의 개수는 기본 자음과 경음을 더해 모두 19개이다.

Hangeul is comprised of vowels and consonants. There are 21 vowels, which include single vowels and diphthongs. While vowels can make sounds on their own, consonants must be combined with vowels to produce sounds. There are 19 consonants, which include basic consonants and hard consonants.

모음자 Vowels

ㅏ	ㅓ	ㅗ	ㅜ	ㅡ	ㅣ	ㅐ	ㅔ
[a]	[ə]	[o]	[u]	[ɨ]	[i]	[ɛ]	[e]
ㅑ	ㅕ	ㅛ	ㅠ	ㅒ	ㅖ		
[ya]	[yə]	[yo]	[yu]	[yɛ]	[ye]		
ㅘ	ㅝ	ㅙ	ㅞ	ㅚ	ㅟ	ㅢ	
[wa]	[wə]	[wɛ]	[we]	[ö/we]	[ü/wi]	[ɰi]	

자음자 Consonants

ㄱ	ㄴ	ㄷ	ㄹ	ㅁ	ㅂ	ㅅ	ㅇ	ㅈ
[k/g]	[n]	[t/d]	[r/l]	[m]	[p/b]	[s]	[ø/ŋ]	[ʧ/j]
ㅋ		ㅌ			ㅍ		ㅎ	ㅊ
[kʰ]		[tʰ]			[pʰ]		[h]	[ʧʰ]
ㄲ		ㄸ			ㅃ	ㅆ		ㅉ
[k̕]		[t̕]			[p̕]	[s̕]		[ʧ̕]

목차

교재 구성표

	단원	어휘	문법 및 표현	활동		발음과 문화
01 한글	1-1 한글1		· 모음 1(단모음) · 자음 1(평음)			
	1-2 한글2		· 자음 2(격음) · 자음 3(경음) · 모음 2(이중모음)			
	1-3 한글3		· 받침 1 · 받침 2 · 겹받침 · 연음			
02 소개	2-1 저는 첸이에요	· 나라 · 직업	· N이에요/예요 · N은/는	**듣고 말하기** 첫 만남		**발음** 연음
	2-2 이것이 무엇이에요?	· 물건 · 지시 대명사1	· 이/그/저 N · N이/가	**읽고 말하기** 물건 이름		**문화** 여러 가지 인사말
	2-3 한 단계 오르기	**어휘 늘리기** · 질문 표현 · 지시 대명사 2 · 물건 이름	**문법 늘리기** · N의 · N이/가 아니에요	**말하기** 친구 소개	**쓰기** 책상 위에 있는 물건	
03 장소	3-1 학교에서 한국어를 배워요	· 장소 1 · 동사 1	· N을/를 · V-아/어요 · N에서	**듣고 말하기** 지금 하는 일		**발음** '의'
	3-2 홍대에 가요	· 수 1 · 위치 1	· N이/가 N에 있다/없다 · N에 가다/오다	**읽고 말하기** 자주 가는 장소		**문화** 한국의 방
	3-3 한 단계 오르기	**어휘 늘리기** · 장소 2/동사 2 · 위치 2	**문법 늘리기** · N과/와 · N도	**말하기** 방에 있는 물건과 방에서 하는 일	**쓰기** 집의 위치와 집 근처에 있는 것	

Table of Contents

등장인물 Main Characters

카린 Karin

일본인, 간호사
Japanese, Nurse

첸 Chen

중국인, 유학생
Chinese, International Student

파티마 Fatima

이집트인, 회사원
Egyptian, Office Worker

엠마 Emma

미국인, 요리사
American, Chef

올가 Olga

러시아인, 주부 / 디자이너
Russian, Homemaker / Designer

마크 Mark

프랑스인, 모델
French, Model

레나 Lena

호주인, 유학생
Austrailian, International
Student

빈 Bin

베트남인, 크리에이터
Vietnamese, Content Creator

박서준 Park Seo-jun

한국인, 대학생
Korean, University Student

김민아 Kim Min-ah

한국인, 대학생
Korean, University Student

이지은 선생님 Lee Ji-eun

한국인, 선생님
Korean, Teacher

CHAPTER

01

한글

1-1 한글 1
Hangeul 1

모음 1 Vowels 1

Character	ㅏ	ㅓ	ㅗ	ㅜ	ㅡ	ㅣ	ㅐ	ㅔ
Sound	[a]	[ə]	[o]	[u]	[ɨ]	[i]	[ɛ]	[e]
How to Write	ㅏ	ㅓ	ㅗ	ㅜ	ㅡ	ㅣ	ㅐ	ㅔ

발음 Pronunciation

Track 01

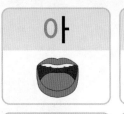 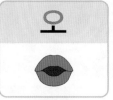 

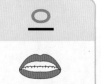   

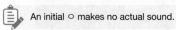 An initial ㅇ makes no actual sound.

연습 Practice

1 읽고 쓰세요.
Read and write.

자음 ㅇ + 모음 ㅏ = 아   자음 ㅇ + 모음 ㅜ = 우

아	어	오	우	으	이	애	에

2 듣고 따라 읽으세요.
Listen and read along.

Track 02

| 이 | 오 | 아이 | 오이 | 에이 |

3 듣고 같은 것을 고르세요.
Listen and choose the characters you hear.

Track 03

보기 ✓① 아　　② 어

(1) ① 오　　② 우　　(2) ① 으　　② 이

(3) ① 에　　② 어　　(4) ① 아　　② 애

(5) ① 이　　② 애　　(6) ① 어　　② 우

4 듣고 알맞은 글자를 쓰세요.
Listen and write the correct characters you hear.

Track 04

(1) 이

(2)

(3)

(4)

(5)

(6)

자음 1 Consonants 1

Character	ㄱ	ㄴ	ㄷ	ㄹ
Sound	[k/g]	[n]	[t/d]	[r/l]
How to Write	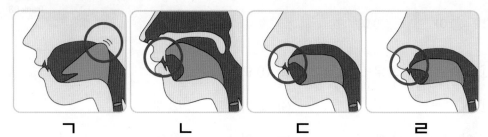			

발음 Pronunciation

Track 05

ㄱ   ㄴ   ㄷ   ㄹ

📋 Since consonants alone do not make a sound, [ɨ] is added and pronounced.

연습 Practice

1 읽고 쓰세요.
Read and write.

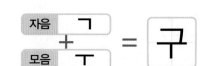

Track 06

	ㅏ	ㅓ	ㅗ	ㅜ	ㅡ	ㅣ	ㅐ	ㅔ
ㄱ	가	거	고	구	그	기	개	게
ㄴ	나							
ㄷ	다							
ㄹ	라							

2 듣고 따라 읽으세요.
Listen and read along.

| 구두 | 고래 | 그네 | 나 | 노래 |

| 누나 | 노루 | 다리 | 도로 | 라디오 |

3 듣고 같은 것을 고르세요.
Listen and choose the characters you hear.

보기 (가)   너

(1) 도   로   (2) 니   리

(3) 개   대   (4) 두   누

4 듣고 알맞은 글자를 쓰세요.
Listen and write the correct characters you hear.

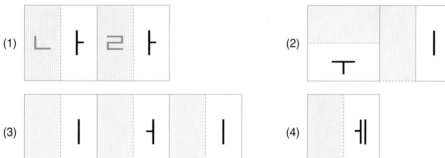

(1) ㄴㅏ ㄹㅏ

(2) ㅜ   ㅣ

(3) ㅣ ㅓ ㅣ

(4) ㅔ

(5) ㅐ ㅏ ㅣ

Character	ㅁ	ㅂ	ㅅ	ㅈ
Sound	[m]	[p/b]	[s]	[ʧ/j]
How to Write				

발음 Pronunciation

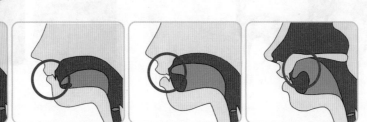

ㅁ ㅂ ㅅ ㅈ

The first sound ㅇ has no real sound, so it is excluded from pronunciation.

연습 Practice

1 읽고 쓰세요.
Read and write.

Track 11

	ㅏ	ㅓ	ㅗ	ㅜ	ㅡ	ㅣ	ㅐ	ㅔ
ㅁ								
ㅂ								
ㅅ								
ㅈ								

2 듣고 따라 읽으세요.
Listen and read along.

Track 12

모자

매미

바다

베개

사자

수레

아버지

우주

자두

주사기

Track 13

3 듣고 같은 것을 고르세요.
Listen and choose the characters you hear.

보기 (머)　　　버

(1) 소　　　조　　(2) 미　　　이

(3) 으　　　즈　　(4) 수　　　부

Track 14

4 듣고 알맞은 글자를 쓰세요.
Listen and write the correct characters you hear.

(1) 　　(2)

(3) 　　(4)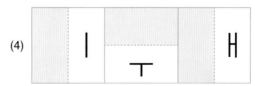

(5) 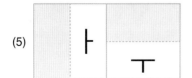　　(6)

마무리 Wrap Up

1 듣고 첫 번째 글자의 소리와 같은 것을 찾으세요.
Listen and find the sound of the first characters.

Track 15

보기	①오	②우	③아

(1) ①바   ②버   ③보

(2) ①누   ②노   ③내

(3) ①소   ②서   ③사

(4) ①그   ②기   ③고

(5) ①더   ②대   ③디

(6) ①머   ②무   ③메

2 듣고 숨겨진 단어 찾아 읽고 쓰세요.
Listen, then find, read, and write the hidden words.

Track 16

구	아	기	게
두	무	비	누
부	사	지	가
리	노	래	개

(1)

_____

(2)

_____

(3)

_____

(4)

_____

듣고 같은 것을 고르세요.
Listen and choose the characters you hear.

Track 17

보기 ✔ ① 가수   ② 가사

(1) ① 비누   ② 비수   (2) ① 나리   ② 나무

(3) ① 자라   ② 자루   (4) ① 두부   ② 도보

(5) ① 사이   ② 나이   (6) ① 마루   ② 가루

(7) ① 메모   ② 매미   (8) ① 대우   ② 배우

4 끝말을 이어 완성하고 읽어 보세요.
Complete the word chain and read it out.

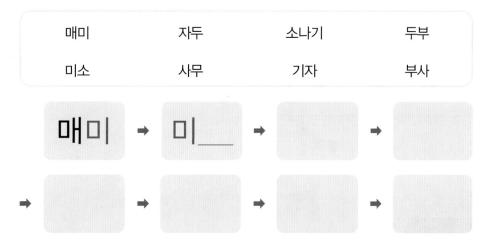

매미	자두	소나기	두부
미소	사무	기자	부사

매미 ➡ 미__ ➡ ___ ➡ ___

➡ ___ ➡ ___ ➡ ___ ➡ ___

5 듣고 알맞은 단어를 쓰세요.
Listen and write the words you hear.

Track 18

(1) 비   (2) ___   (3) ___   (4) ___

(5) ___   (6) ___   (7) ___   (8) ___

1-2 한글 2

Hangeul 2

자음 2 Consonants 2

Character	ㅊ	ㅋ	ㅌ	ㅍ	ㅎ
Sound	[tɕʰ]	[kʰ]	[tʰ]	[pʰ]	[h]
How to Write	ㅊ	ㅋ	ㅌ	ㅍ	ㅎ

발음 Pronunciation

Track 19

ㅊ   ㅋ   ㅌ   ㅍ   ㅎ

Tip

 자   차

연습 Practice

Track 20

1 읽고 쓰세요.
Read and write.

	ㅏ	ㅓ	ㅗ	ㅜ	ㅡ	ㅣ	ㅐ	ㅔ
ㅊ	차							
ㅋ		커						케
ㅌ			토				태	
ㅍ			푸	피				
ㅎ				흐				

2 듣고 따라 읽으세요.
Listen and read along.

Track 21

초

치마

카드

커피

타조

테니스

포도

피아노

하마

허리

3 듣고 같은 것을 고르세요.
Listen and choose the characters you hear.

Track 22

보기 (차)   자

(1) 코   토   (2) 피   비

(3) 흐   츠   (4) 패   해

4 듣고 알맞은 글자를 쓰세요.
Listen and write the correct characters you hear.

Track 23

(1)

(2)

(3)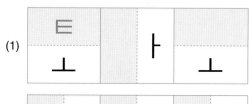

(4)

(5)

자음 3 Consonants 3

Character	ㄲ	ㄸ	ㅃ	ㅆ	ㅉ
Sound	[k͈]	[t͈]	[p͈]	[s͈]	[ʧ͈]
How to Write	ㄲ	ㄸ	ㅃ	ㅆ	ㅉ

발음 Pronunciation

Track 24

ㄲ ㄸ ㅃ ㅆ ㅉ

Track 25

> **Tip** 발음을 확인해 보세요. Check the pronunciation.

가	다	바	사	자
카	타	파		차
까	**따**	**빠**	**싸**	**짜**

연습 Practice

1 읽고 쓰세요.
Read and write.

Track 26

	ㅏ	ㅓ	ㅗ	ㅜ	ㅡ	ㅣ	ㅐ	ㅔ
ㄲ	까							
ㄸ		떠						떼
ㅃ			뽀				빼	
ㅆ			쑤		씨			
ㅉ				쭈				

38

2 듣고 따라 읽으세요.
Listen and read along.

Track 27

까치

꼬리

따다

머리띠

오빠

뿌리

싸다

쓰레기

짜다

찌개

3 듣고 같은 것을 고르세요.
Listen and choose the characters you hear.

Track 28

보기 (까)   따

(1) 뽀   포   (2) 쎄   세

(3) 치   찌   (4) 뚜   투

4 듣고 알맞은 글자를 쓰세요.
Listen and write the correct characters you hear.

Track 29

(1)    (2)

(3)    (4)

(5)

모음 2 Vowels 2

Character	ㅑ	ㅕ	ㅛ	ㅠ	ㅒ	ㅖ
Sound	[ya]	[yə]	[yo]	[yu]	[yɛ]	[ye]
How to Write	ㅑ	ㅕ	ㅛ	ㅠ	ㅒ	ㅖ

발음 Pronunciation

Track 30

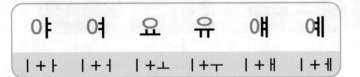

야 여 요 유 얘 예

ㅣ+ㅏ ㅣ+ㅓ ㅣ+ㅗ ㅣ+ㅜ ㅣ+ㅐ ㅣ+ㅔ

연습 Practice

1 읽고 쓰세요.
Read and write.

야	여	요	유	얘	예

2 단어를 쓰고 들으세요.
Write and listen to the words.

Track 31

(1)

(4)
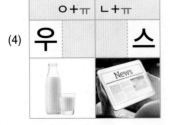

(2)

(5)

(3)

(6)

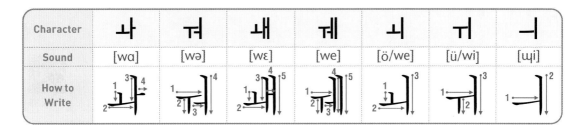

Character	ㅘ	ㅝ	ㅙ	ㅞ	ㅚ	ㅟ	ㅢ
Sound	[wɑ]	[wə]	[wɛ]	[we]	[ö/we]	[ü/wi]	[ɰi]
How to Write							

발음 Pronunciation

Track 32

와	워	왜	웨	외	위	의
ㅗ+ㅏ	ㅜ+ㅓ	ㅗ+ㅐ	ㅜ+ㅔ	ㅗ+ㅣ	ㅜ+ㅣ	ㅡ+ㅣ

연습 Practice

1 읽고 쓰세요.
Read and write.

와	워	왜	웨	외	위	의

2 듣고 따라 읽으세요.
Listen and read along.

Track 33

사과	과자	샤워	뭐예요	돼지
스웨터	뇌	회사	키위	의사

3 듣고 같으면 O표, 다르면 X표 하세요.
Listen and mark with O if the sound matches and X if it does not.

Track 34

(1) 위 (　　　) 　　(2) 쥐 (　　　) 　　(3) 쇠 (　　　)

(4) 봐요 (　　　) 　(5) 계좌 (　　　) 　(6) 회사 (　　　)

(7) 의자 (　　　) 　(8) 야외 (　　　) 　(9) 더워요 (　　　)

마무리 Wrap Up

1 다음을 듣고 맞는 것을 고르세요.
Listen to the following and choose the correct answers.

Track 35

보기 ① 코피 　 ✓ 커피

(1) ① 호수 　 ② 호주 　 (2) ① 초코 　 ② 초고

(3) ① 꽈리 　 ② 꼬리 　 (4) ① 시계 　 ② 세계

(5) ① 가위 　 ② 키위 　 (6) ① 유지 　 ② 휴지

(7) ① 최고 　 ② 수고 　 (8) ① 매워요 　 ② 배워요

2 다음 글자를 읽고 단어를 찾으세요.
Read the following characters and find the words.

보기
✓ 사과
☐ 까마귀 　 ☐ 카페 　 ☐ 돼지 　 ☐ 머리띠 　 ☐ 회사
☐ 기차표 　 ☐ 치즈 　 ☐ 찌개 　 ☐ 예뻐요 　 ☐ 아파트

사	까	치	즈	기	뮤	아
이	마	투	웨	차	지	파
다	귀	고	리	표	요	트
오	리	로	회	찌	머	스
리	어	니	사	개	리	주
돼	카	에	카	과	띠	세
지	라	드	페	예	뻐	요

42

3 듣고 첫소리를 쓰세요.
Listen and write the initial sounds.

Track 36

(1) ㅗ 도 (2) ㅏ 마 (3) ㅜ 수

(4) ㅗ ㅗ (5) ㅏ 다 (6) ㅣ 리

4 듣고 연결한 후에 단어를 쓰세요.
Listen, connect the sounds, and write the resulting words.

Track 37

타	퀴	(1) 타워
바	워	(2)
해	주	(3)
치	페	(4)
기	료	(5)
계	외	(6)
뷔	뉴	(7)
메	와	(8)

5 듣고 알맞은 단어를 쓰세요.
Listen and write the words you hear.

Track 38

(1) 혀 (2) (3) (4)

(5) (6) (7) (8)

1-3 한글 3
Hangeul 3

받침 1 Final Consonants 1

Character	ㄴ	ㄹ	ㅁ	ㅇ
Sound	[n]	[l]	[m]	[ŋ]
How to Write	안	알	암	앙

 발음 Pronunciation

Track 39

안 알 암 앙

 연습 Practice

Track 40

1 읽고 쓰세요.
Read and write.

C ㄱ + V ㅏ + C ㄴ = 간   C ㄱ + V ㅜ + C ㄴ = 군

[ㄴ]	눈	돈	문	산	언니
	눈				

[ㄹ]					
	일	달	말	별	가을

[ㅁ]					
	감	금	담	봄	김치

[ㅇ]					
	강	방	종이	공항	냉장고

2 듣고 같은 것을 고르세요.
Listen and choose the characters you hear.

Track 41

보기 ☑안 ②언

(1) ①삼 ②산 (2) ①길 ②김

(3) ①담 ②달 (4) ①말 ②만

(5) ①천 ②청 (6) ①감 ②강

3 듣고 알맞은 글자를 쓰세요.
Listen and write the correct characters you hear.

Track 42

(1) 가 (2) 인 (3) 도 (4) 조이 (5) 고하

4 듣고 알맞은 단어를 쓰세요.
Listen and write the words you hear.

Track 43

(1) 별 (2) (3) (4) (5)

(6) (7) (8)

받침 2 Final Consonants 2

Character	ㄱ, ㄲ, ㅋ	ㄷ, ㅅ, ㅆ, ㅈ, ㅊ, ㅌ, ㅎ	ㅂ, ㅍ
Sound	[k̚]	[t̚]	[p̚]
How to Write	악, 엌, 앜	앋, 앗, 았, 앚, 앛, 앝, 앟	압, 앞

발음 Pronunciation

Track 44

악 엌 앜	앋 앗 았 앚 앛 앝 앟	압 앞
[악]	[앋]	[압]

연습 Practice

Track 45

1 읽고 쓰세요.
Read and write.

[ㄱ]	국	책	목	밖	부엌
	국				

[ㄷ]	옷	낮	꽃	밑	히읗

[ㅂ]	집	밥	앞	숲	무릎

2 다음 단어 중 받침 발음이 다른 하나를 고르세요.

From the following words, choose the one with a different final consonant sound.

(1)
밥
앞　밑

(2)
집
숲　낮

(3)
끝
옷　책

3 듣고 같은 것을 고르세요.

Listen and choose the characters you hear.

Track 46

보기　✓①곡　　②공　　③곰

(1) ①답　　②닺　　③당　　(2) ①총　　②촌　　③촉

(3) ①밥　　②밖　　③반　　(4) ①겁　　②겉　　③검

(5) ①숲　　②숱　　③술　　(6) ①부엉　　②부업　　③부엌

48

4 듣고 보기 에서 받침을 골라 쓰세요.
Listen and choose the correct final consonants from the choices.

Track 47

> 보기　ㄱ　ㅊ　ㅂ

(1) 주
(2) 이
(3) 비

(4) 거
(5) 떠 구

5 듣고 보기 에서 알맞은 단어를 골라 쓰세요.
Listen and write the correct words you hear from the choices.

Track 48

보기	밖　밭
(1)	밖

보기	말　맛
(2)	

보기	숲　숯
(3)	

보기	지각　지갑
(4)	

보기	접시　정시
(5)	

보기	이것　이건
(6)	

겹받침 Double Final Consonants

Character	ㄱㅅ	ㄴㅈ	ㄴㅎ	ㄹㅂ	ㄹㅅ	ㄹㅌ	ㄹㅎ	ㅂㅅ	ㄹㄱ	ㄹㅁ	ㄹㅍ
How to Write	앇	앉	않	앏	앐	앑	앓	앖	앍	앎	앒
Pronunciation	[악]	[안]	[안]	[알]	[알]	[알]	[알]	[압]	[악]	[암]	[압]

발음 Pronunciation

Track 49

몫 앉 많 잃 값 닭 삶

연습 Practice

● 듣고 따라 읽으세요.
Listen and read along.

Track 50

몫	앉다	많다	여덟	끓다	잃다
없다	밝다	읽다	닭다	젊다	읊다

연음 Linking Sounds

한국어	읽어요
[한구거]	[일거요]

● 듣고 따라 읽으세요.
Listen and read along.

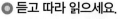

Track 51

(1) 한국어 책을 읽어요.
[한구거] [채글] [일거요]

(2) 하늘에 별이 있어요.
[하느레] [벼리] [이써요]

(3) 교실에 사람이 없어요.
[교시레] [사라미] [업써요]

(4) 우리 집이 넓어요.
[지비] [널버요]

마무리 Wrap Up

1 다음을 듣고 맞는 것을 고르세요.
Listen to the following and choose the words you hear.

Track 52

보기　✔ ① 김치　　② 길치

(1) ① 반달　　② 발달　　(2) ① 사람　　② 사랑

(3) ① 가방　　② 가발　　(4) ① 신사　　② 식사

(5) ① 엄마　　② 얼마　　(6) ① 감사　　② 강사

(7) ① 지각　　② 지갑　　(8) ① 닫아요　　② 달아요

2 받침 소리가 같은 것을 찾아 써 보세요.
Find and write the words with the same final consonant sound.

눈	달	실	낮	국	숲
일	천	담	강	밑	앞
돈	책	옷	콩	별	섬
듣다	가을	김치	있다	덮밥	부엌
피읖	언니	공항	히읗	냉장고	떡볶이

(1) [ㄴ] 눈,

(2) [ㄹ] 달,

(3) [ㅁ] 담,

(4) [ㅇ] 콩,

(5) [ㄱ] 국,

(6) [ㄷ] 밑,

(7) [ㅂ] 앞,

3 듣고 알맞은 단어를 쓰세요.
Listen and write the correct words.

Track 53

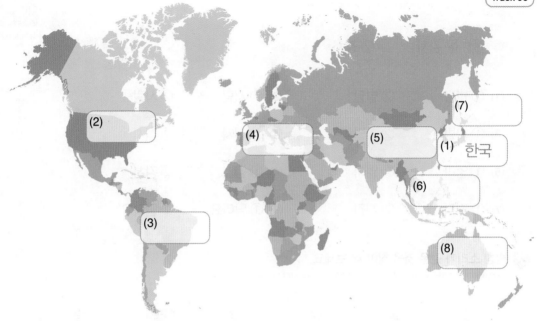

(2)

(4)

(5)

(7)

(1) 한국

(6)

(3)

(8)

4 다음 문장을 읽으세요.
Read the following sentences.

(1) 안녕하세요.

(2) 고마워요.

(3) 사랑해요.

(4) 반가워요.

(5) 맛있어요.

(6) 재미있어요.

(7) 보고 싶어요.

(8) 알겠어요.

(9) 최고예요.

5 다음 단어를 읽고 휴대폰으로 찾아보세요.
Read the following words and look them up using your cell phone.

ㅎ + ㅏ + ㄴ = 한   ㄱ + ㅜ + ㄱ = 국

보기 ☑ 한국

(1) ☐ 친구

(2) ☐ 서울

(3) ☐ 여행

(4) ☐ 공부

(5) ☐ 점심

(6) ☐ 한강

(7) ☐ 유학생

(8) ☐ 선생님

(9) ☐ 대학교

6 이름을 쓰세요.
Write the following names.

나 _____

선생님 _____

친구 이름

인사
Greetings

서로 만났을 때 하는 인사말이다.

A greeting used when people meet one another.

처음 만난 사람이나 오랜만에 만난 사람에게 하는 인사말이다.

A greeting used when first meeting someone ("Nice to meet you") or when meeting them for the first time in a long time ("Nice to see you").

서로 헤어질 때 하는 인사말이다. 두 사람이 모두 현재의 장소에서 떠날 때 사용한다.

A greeting used when parting company. Used when both people are leaving the current location.

서로 헤어질 때 하는 인사말이다. 현재의 장소에 머무는 사람은 '안녕히 가세요.'라고 인사하고 떠나는 사람은 '안녕히 계세요.'라고 인사한다.

A greeting used when parting company. A person staying at the current location says "안녕히 가세요." ("Go well.") and a person leaving says "안녕히 계세요." ("Stay well.")

수고하셨습니다.
Thank you for your effort.

감사합니다.
Thank you.

어떤 일이 끝나고 하는 인사이다. 윗사람은 상대방의 수고에 대해 인사하고 아랫사람은 윗사람에게 감사를 표한다.

A greeting used at the end of some sort of work. The person of higher authority thanks the other for their work, and the person of lower authority expresses their gratitude.

축하해요.
Congratulations.

고마워요.
Thanks.

다른 사람의 좋은 일을 기뻐하고 즐거워함을 표현하는 인사이다.

A greeting that expresses happiness and joy at something good that happens to another person.

사과와 감사
Apologies and Thanks

미안해요.
I'm sorry.

괜찮아요.
It's okay.

실수하거나 잘못을 했을 때 다른 사람에게 하는 표현이다. 격식적인 상황에서 사용할 때에는 '죄송합니다.'라고 말한다.

An expression said to someone else when having made a mistake or having done something wrong. In formal situations, "죄송합니다." ("I'm sorry.") is used.

고마워요.
Thanks.

아니에요.
No problem.

다른 사람이 베풀어 준 호의나 도움에 마음이 좋다는 의미로 사용된다. 격식적인 상황에서는 '감사합니다.'라고 말한다.

Used to express good feelings after someone offers kindness or help. In formal situations, "감사합니다." ("Thanks.") is used.

● 우리 반 친구들과 한국의 인사말을 연습해 보세요.
Practice using Korean greetings with your classmates.

CHAPTER

02

소개

2-1 저는 첸이에요
I'm Chen

- **자기소개를 해 보세요.**
  Introduce yourself to your class.

- **어느 나라 사람이에요?**
  What country are you from?

어휘 Vocabulary

나라 Countries

1 보기 와 같이 쓰고 이야기해 보세요.
Write the correct answers following the example and talk.

러시아
Russia

프랑스
France

중국
China

한국
Korea

일본
Japan

미국
USA

베트남
Vietnam

호주
Australia

보기

한국 사람

(1)

(2)

(3)

(4)

(5)

직업 Jobs

2 직업과 관련된 단어를 찾아보세요.
Find words related to jobs.

학생
student

요리사
chef

선생님
teacher

디자이너
designer

크리에이터
creator

모델
model

회사원
office worker

간호사
nurse

모	여	마	크	회
델	학	요	리	사
선	생	님	에	원
물	디	자	이	너
간	호	사	터	키

사람 people

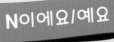

N이에요/예요

저는 마크예요.

저는 카린이에요.

카린-일본 | 레나-호주 | 빈-베트남 | 마크-프랑스 | 첸-중국

Attaches after a noun, making that noun the subject of the sentence. The descriptive form is 이에요/예요 and the interrogative form is 이에요?/예요?. In this lesson, it is learned through expressions used when introducing oneself.

N이에요	N예요
카린 + 이에요 → 카린이에요	마크 + 예요 → 마크예요

• 저는 엠마예요.

• 저는 미국 사람이에요.

• 가 엠마 씨, 학생이에요?
  나 네, 저는 학생이에요.

연습 Practice

◉ 보기 와 같이 알맞은 것을 골라 보세요.
Choose the correct answer following the example.

보기

저는 카린 (이에요)/ 예요 .

(1) 저는 마크 이에요 / 예요 .

(2) 저는 빈 이에요 / 예요 .

(3) 저는 엠마 이에요 / 예요 .

(4) 저는 올가 이에요 / 예요 .

저 I / me | ―씨 Mr., Ms. | 네 yes

1 보기 와 같이 이야기해 보세요.
Talk with your friend following the example.

보기

이름이 뭐예요?
What is your name?

저는 첸이에요.

중국 사람이에요?

네, 저는 중국 사람이에요.

(1) 빈 / 베트남

(2) 엠마 / 미국

(3) 마크 / 프랑스

(4) 박서준 / 한국

2 레나가 자기소개를 합니다. 여러분도 친구에게 자기소개를 해 보세요.
Lena is introducing herself. Also, introduce yourself to your friends.

저는 레나예요.

저는 호주 사람이에요.

저는 학생이에요.

저는 _____ .

저는 _____ .

저는 _____ .

이름 name | **뭐** what

문법 2 Grammar 2

카린은 간호사예요.

마크는 모델이에요.

Indicates the topic of the content, information, or explanation in a sentence.

N은	N는
카린 + 은 → 카린은	마크 + 는 → 마크는

Usually used in the form of N1은/는 ~ N2이에요/예요. N2 is used to explain N1.

Topic		Predicate	
N1	은	N2	이에요
	는		예요

- 엠마는 요리사예요.
- 카린은 일본 사람이에요.

- 가 파티마 씨, 간호사예요?
  나 아니요, 저는 회사원이에요.

연습 Practice

● 보기 와 같이 알맞은 것을 골라 보세요.
Choose the correct answer following the example.

보기

첸 (은)/ 는 중국 사람이에요.

(1) 마크 은 / 는 프랑스 사람이에요.

(2) 빈 은 / 는 크리에이터예요.

(3) 엠마 은 / 는 요리사예요.

(4) 박서준 은 / 는 대학생이에요.

아니요 no | **대학생** university student

62

1 보기 와 같이 이야기해 보세요.
Talk with your friend following the example.

보기	(1)	(2)	(3)	(4)
레나	빈	마크	첸	카린
호주	베트남	프랑스	중국	일본
유학생	크리에이터	모델	유학생	간호사

2 친구의 나라와 직업이 뭐예요? 친구에 대해 말해 보세요.
What is the country and job of your friend? Talk about your friend.

유학생 international student

대화 Conversation

다음 대화를 읽어 보세요.
Read the following conversation.

Track 54

마크   안녕하세요. 저는 마크예요.

올가   안녕하세요. 저는 올가예요.

마크   올가 씨, 어느 나라 사람이에요?

올가   저는 러시아 사람이에요.

마크   대학생이에요?

올가   아니요, 주부예요. 만나서 반가워요.

어느 what, which ｜ 나라 country ｜ 주부 homemaker ｜ 만나서 반가워요 Nice to meet you

1 다음 단어를 사용해서 이야기해 보세요.
Have a conversation using the following words.

보기

| 올가 |
| 러시아 |
| 주부 |

(1)

| 카린 |
| 일본 |
| 간호사 |

(2)

| 파티마 |
| 이집트 |
| 회사원 |

(3)

| 빈 |
| 베트남 |
| 크리에이터 |

2 대화한 내용을 써 보세요.
Write out the content of your conversation.

가 _____

나 _____

가 _____

나 _____

가 _____

나 _____

이집트 Egypt

듣고 말하기 Listening & Speaking

듣기 1 Listening 1

○ **다음을 듣고 빈칸에 알맞은 단어를 쓰세요.**
Listen to the following and fill in the blanks with the correct words.

(1) ☐☐ 나라 사람이에요?

(2) ☐ 는 빈이에요. 남자예요.

(3) 엠마는 ☐☐☐ 예요.

(4) 첸 씨, ☐☐☐ 이에요?

(5) 가 한국 사람이에요?

　　나 ☐☐☐ , 저는 미국 사람이에요.

듣기 2 Listening 2

🎤 **다음 그림을 보고 인사해 보세요.**
Look at the following picture and use a greeting.

여러분, 안녕하세요?
만나서 반가워요.

선생님, 안녕하세요?
만나서 반가워요.

○ **인사를 써 보세요.**
Write out the greeting expressions.

안녕하세요?

만나서 반가워요.

남자 man | **여러분** everyone

66

[1-3] 선생님과 빈이 이야기를 합니다. 다음을 듣고 질문에 답하세요.
The teacher and Bin are talking. Listen to the following and answer the questions.

Track 56

1 맞는 것에 O표, 틀린 것에 X표 하세요.
Mark a true statement with O and a false statement with X.

(1) 빈은 베트남 사람이에요.　　　　　(　　)

(2) 빈은 회사원이에요.　　　　　(　　)

2 맞는 것에 연결하세요
Connect the names to the words that match.

Ⓐ 베트남

(1) 빈 ·

Ⓑ 한국

Ⓒ 선생님

(2) 이지은 ·

Ⓓ 크리에이터

3 빈칸에 알맞은 단어를 쓰세요.
Fill in the blanks with the correct words.

이지은은 [　　　　] 이에요.

빈은 [　　　　] 사람이에요.

빈은 [　　　　　　] 예요.

🎤 **친구들의 나라와 직업이 뭐예요?** 보기 **와 같이 이야기해 보세요.**
What are the countries and jobs of your friends? Talk with your friend following the example.

	어느 나라 사람이에요?	요리사예요?
보기 첸	저는 중국 사람이에요.	아니요, 유학생이에요.

발음 Pronunciation

음 Linking Sounds

1 규칙을 확인해 보세요.
Check the rules.

When a vowel follows a syllable with a final consonant, that consonant becomes the first sound of the following syllable.

책 + 이 → [채 기]

2 발음을 듣고 따라 해 보세요.
Listen to the pronunciation and repeat.

Track 57

(1)

책은	카린은	모델이에요	선생님이에요
[채근]	[카리는]	[모데리에요]	[선생니미에요]

(2)

저는 첸이에요	이름이 뭐예요?
[체니에요]	[이르미]

서준은 어느 나라 사람이에요?	이것이 무엇이에요?
[서주는]　　[사라미에요]	[이거시] [무어시에요]

2-1 저는 첸이에요 **69**

2-2 이것이 무엇이에요?

What is this?

- 이것이 무엇이에요?
  What is this?

- 이 책이 한국어 책이에요?
  Is this a Korean language book?

어휘 Vocabulary

1 보기 와 같이 이야기해 보세요.
Talk with your friend following the example.

보기

무엇이에요?
What is this?

꽃이에요.

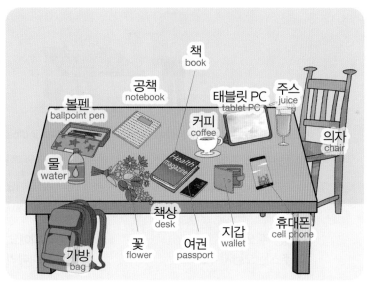

책
book

볼펜
ballpoint pen

공책
notebook

태블릿 PC
tablet PC

주스
juice

커피
coffee

의자
chair

물
water

책상
desk

지갑
wallet

휴대폰
cell phone

가방
bag

꽃
flower

여권
passport

지시 대명사 1 Demonstrative Pronouns 1

이것	그것	저것
this	that	that (over there)

2 보기 와 같이 이야기해 보세요.
Talk with your friend following the example.

보기

이것은 지갑이에요.

무엇 what

문법 1 Grammar 1

이/그/저 N

이것은 책이에요.
이 책은 한국어 책이에요.

이, 그, and 저 are demonstrative pronouns used when indicating a specific noun.

Topic	Predicate
이것은	N1이에요/예요
이 N1은/는	N2이에요/예요

• 이것은 주스예요.
이 주스는 오렌지 주스예요.

• 그것은 커피예요.
그 커피는 아메리카노예요.

• 저것은 책이에요.
저 책은 한국어 책이에요.

연습 Practice

● 보기 와 같이 말해 보세요.
Say out loud following the example.

보기

이것은 커피예요.
이 커피 은/는 아메리카노예요.

(1) 이것은 여권이에요.

＿＿＿＿＿＿＿＿＿ 은/는 중국 여권이에요.

(2) 그것은 주스예요.

＿＿＿＿＿＿＿＿＿ 은/는 사과 주스예요.

(3) 저것은 꽃이에요.

＿＿＿＿＿＿＿＿＿ 은/는 장미예요.

오렌지 orange | 아메리카노 americano | 한국어 Korean (language) | 사과 apple | 장미 rose

1 그림을 보고 보기 와 같이 이야기해 보세요.
Look at the pictures and talk following the example.

보기

이것은 책이에요.
이 책은 한국어 책이에요.

(1)

(2)

(3)

(4)

2 여러분 주변에 무엇이 있어요? 말해 보세요.
What's around you? Say out loud.

저것은 가방이에요.

이것은 커피예요.
이 커피는 아메리카노예요.

문법 2 Grammar 2

N이/가

그것이 무엇이에요?

이것은 볼펜이에요.

Attaches after a noun to indicate the subject of a sentence. It is also used when introducing a new topic. However, in this lesson, it is only learned through expressions that are questions.

N이	N가
물 + 이 → 물이	주스 + 가 → 주스가

- 가 그것이 무엇이에요?
  나 이것은 휴대폰이에요.

- 가 저 사람이 누구예요?
  나 저 사람은 카린 씨예요.

- 가 마크가 어느 나라 사람이에요?
  나 마크는 프랑스 사람이에요.

연습 Practice

● 보기 와 같이 알맞은 것을 골라 보세요.
Choose the correct answer following the example.

보기

그것 이 / 가 가방이에요?

(1) 이것 이 / 가 무엇이에요?

(2) 저 주스 이 / 가 오렌지 주스예요?

(3) 마크 이 / 가 유학생이에요?

(4) 카린 이 / 가 일본 사람이에요?

누구 who

74

1 그림을 보고 보기 와 같이 이야기해 보세요.

Look at the pictures and talk with your friend following the example.

2 보기 와 같이 이야기해 보세요.

Talk with your friend following the example.

대화 Conversation

◉ 다음 대화를 읽어 보세요.
Read the following conversation.

마크   카린 씨, 그것이 무엇이에요?

카린   이것은 주스예요.

마크   카린 씨, 저것이 무엇이에요?

카린   저것은 꽃이에요. 저 꽃은 장미예요.

마크   카린 씨, 이 사람이 누구예요?

카린   이 사람은 박서준이에요. 한국 친구예요.

친구 friend

76

1 다음 단어를 사용해서 이야기해 보세요.
Have a conversation using the following words.

보기

- 주스
- 꽃 / 장미
- 박서준
- 한국 친구

(1)

- 태블릿 PC
- 책 / 한국어 책
- 김민아
- 한국 친구

(2)

- 지갑
- 주스 / 사과 주스
- 레나
- 반 친구

(3)

- 휴대폰
- 여권 / 일본 여권
- 빈
- 반 친구

2 대화한 내용을 써 보세요.
Write out the content of your conversation.

가 _____

나 _____

가 _____

나 _____

가 _____

나 _____

반 class

읽기 1 Reading 1

1 다음은 무엇에 대한 이야기입니까? 알맞은 것을 고르세요.
What are the following sentences about? Choose the correct answers.

(1) 저것은 연필이에요.

(2) 그 사람은 디자이너예요.

(3) 저 여자는 간호사예요.

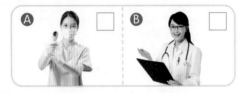

2 알맞은 것을 고르세요.
Choose the correct answers.

보기
이것이 꽃이에요?

네 / 아니요

(1) 그것이 볼펜이에요?

네 / 아니요

(2) 저것이 책상이에요?

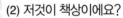

네 / 아니요

(3) 이 여권이 한국 여권이에요?

네 / 아니요

읽기 2 Reading 2

🎤 다음 그림을 보고 이야기해 보세요.
Fill in the blanks with the correct words.

이것은 커피예요.
이 커피는 아메리카노예요.

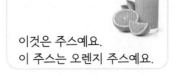

이것은 주스예요.
이 주스는 오렌지 주스예요.

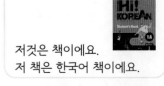

저것은 책이에요.
저 책은 한국어 책이에요.

연필 pencil | 여자 woman

[1-3] 자기의 물건을 소개합니다. 다음을 읽고 질문에 답하세요.

Introduce your belongings. Read the following and answer the questions.

빈: 이것은 커피예요. 이 커피는 카페라테예요.
카린 씨, 그것이 무엇이에요?

카린: 이것은 주스예요. 이 주스는 사과 주스예요.
첸 씨, 저것이 무엇이에요?

첸: 저것은 책이에요. 저 책은 영어 책이에요.
선생님, 그것이 무엇이에요?

선생님:

1 맞는 것에 O표, 틀린 것에 X표 하세요.

Mark a true statement with O and a false statement with X.

(1) 이 커피는 아메리카노예요.   (   )

(2) 이 주스는 오렌지 주스예요.   (   )

(3) 저 책은 영어 책이에요.   (   )

2 선생님의 대답을 쓰세요.

Write down the teacher's answer.

3 빈칸에 알맞은 단어를 쓰세요.

Fill in the blanks with the correct words.

빈   : 이것은 [   ] 예요. 이 커피는 [   ] 예요.

카린 : 이것은 [   ] 예요. 이 주스는 [   ] [   ] 예요.

첸   : 저것은 [   ] 이에요. 저 책은 [   ] [   ] 이에요.

카페라테 cafe latte │ **영어** English (language)

🎤 **여러분 가방 안에 무엇이 있어요?** 보기 **와 같이 이야기해 보세요.**
What's inside your bag? Talk with your friend following the example.

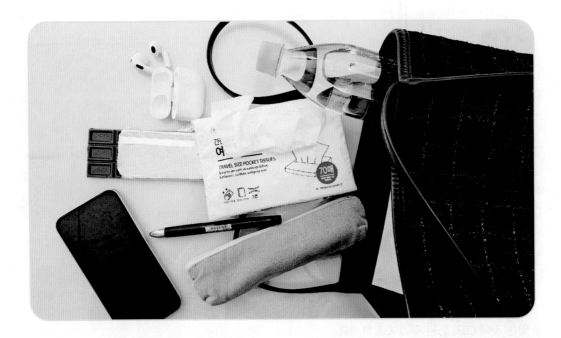

		그것이 무엇이에요?
보기	첸	이것은 필통이에요. 이것은 볼펜이에요.

필통 pencil case

여러 가지 인사말
Various Korean Greetings

한국에는 여러 가지 상황에 따라 다양한 인사말이 있습니다. 헤어질 때는 '내일 만나요', '또 만나요.', '다음에 만나요' 등의 인사말을 하고 주말 동안 만나지 못할 때에는 '주말 잘 보내세요'라고 인사합니다. 또한, 식사할 때 하는 인사도 있습니다. 음식을 먹기 전에 하는 인사로는 '잘 먹겠습니다', 식사를 하기 전에 상대방에게 하는 인사로는 '맛있게 드세요' 가 있습니다.

In Korea, there are a variety of different greetings for different situations. When parting company, greetings like, "내일 만나요 (See you tomorrow)," "또 만나요 (See you again)," "다음에 만나요 (See you next time)," etc. are used, and when you won't see a person during the weekend, the greeting "Have a good weekend" is used. Additionally, there are greetings used when eating. Before eating a meal, the greeting "잘 먹겠습니다 (I'll eat well.)" is used. Before eating, the greeting "맛있게 드세요. (Enjoy the meal.)" is said to another person.

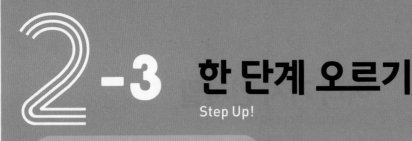

2-3 한 단계 오르기
Step Up!

어휘 늘리기 1 Expanding Vocabulary 1

질문 표현 Questioning Words

누구	누가
who	who

1 빈칸에 알맞은 단어를 쓰세요.
Fill in the blanks with the correct words.

(1) 저 사람이 _____ 예요?

저 사람은 카린이에요.

(2) _____ 카린이에요?

저 사람이 카린이에요.

제가 첸이에요.

(3) _____ 첸이에요?

📝 누구 + 가 = 누가 | 저 + 가 = 제가

지시 대명사 2 Demonstrative Pronouns 2

이게	그게	저게	이건	그건	저건
this	that	that (over there)	this	that	that (over there)

2 빈칸에 알맞은 단어를 쓰세요.
Fill in the blanks with the correct words.

(1) _____ 뭐예요?

(2) _____ 볼펜이에요.

📝 뭐예요 (=무엇이에요)

82

어휘 늘리기 2 Expanding Vocabulary2

빵 bread	모자 cap, hat	사진 picture	우유 milk	지우개 eraser
휴지 tissue	탁자 table	우산 umbrella	안경 glasses	화장품 cosmetics

● 그림을 보고 보기 와 같이 이야기해 보세요.
Look at the picture and talk with your friend following the example.

보기

그게 뭐예요?

이건 장미예요.

N의

저것은 마크의 모자예요.
마크 씨는 우리 반 친구예요.
이것은 제 가방이에요.

1 그림을 보고 보기 와 같이 말해 보세요.
Look at the pictures and talk following the example.

보기

레나

> 저 사람은 레나예요. 레나는 우리 반 친구예요.
> 저것은 레나의 안경이에요. 저것은 레나의 가방이에요.

(1)

빈

(2)

파티마

(3)
?
우리 반 친구

2 누구의 물건이에요? 친구와 이야기해 보세요.
Who do the items belong to? Talk with your friend.

가 그게 누구의 [ ] 이에요/예요?

나 이건 [ ] 씨의 [ ] 이에요/예요.

우리 we, our │ 제 my

N의

의 is a particle used when connecting two nouns so that the first noun modifies the second. Especially, when 의 attaches to 나 and 저, it can be shortened from 나의 and 저의 to be used as 내 N and 제. When referring to nouns for groups to which one belongs, such as 집(house), 가족(family), 나라(country), 회사(office), etc., 우리 is used, and not 우리의.

문법 늘리기 2 Expanding Grammar 2

N이/가 아니에요

가 그게 아메리카노예요?
나 아니요, 이건 아메리카노가
　 아니에요. 카페라테예요

● 보기 **와 같이 이야기해 보세요.**

Talk with your friend following the example.

보기

그게 연필이에요?

아니요, 연필이 아니에요.
이건 볼펜이에요.

연필 X

볼펜 O

(1)
커피 우유

바나나 우유

(2)
미국 여권

한국 여권

(3)
빈의 우산

엠마의 우산

(4)
레나의 화장품

카린의 화장품

바나나 banana

N이/가 아니에요

이/가 아니에요 expresses the negative of a noun.

N이 아니에요	N가 아니에요
물 + 이 아니에요 → 물이 아니에요	주스 + 가 아니에요 → 주스가 아니에요

말하기 1 Speaking 1

1 그림을 보고 말해 보세요.
Look at the pictures and talk.

(1)

(2)

(1) 올가 이건 ⬚⬚⬚⬚ 이에요/예요.

(2) 서준 이건 ⬚⬚⬚⬚ 이에요/예요.

2 다음 대화를 읽고 연습해 보세요.
Read the following conversation and practice.

Track 59

> 서준 올가 씨, 그게 뭐예요?
>
> 올가 이건 **가방**이에요.
>
> 서준 누구의 **가방**이에요?
>
> 올가 **마크** 씨의 **가방**이에요. 서준 씨, 그건 뭐예요?
>
> 서준 이건 사진이에요.
>
> 올가 이 사람이 서준 씨의 친구예요?
>
> 서준 아니요, 제 친구가 아니에요. 이 사람은 **한국 가수**예요.

가방 마크 한국 가수	모자 빈 동생	화장품 파티마 선생님	?

가수 singer │ **동생** younger sibling

말하기 2 Speaking 2

1 친구를 처음 만났을 때 어떤 질문을 해요?
What questions can you ask when you first meet a friend?

(1) 친구와 이야기해 보세요.

인사	• 안녕하세요. • 만나서 반가워요.	이름	가 이름이 뭐예요? 나 저는 [ ] 이에요/예요.
나라	가 어느 나라 사람이에요? 나 저는 [ ] 사람이에요.	직업	가 직업이 뭐예요? 나 저는 [ ] 이에요/예요.

(2) 이야기한 내용을 정리해 보세요.

이름	나라	직업
보기 박서준	한국 사람	대학생

2 다음과 같이 발표해 보세요.
Give a presentation following the example.

제 친구는 박서준이에요.
서준 씨는 한국 사람이에요.
서준 씨는 대학생이에요. 서준 씨는 한국대학교 학생이에요.

인사 greeting │ 직업 job │ 한국대학교 Hankook University

쓰기 1 Writing 1

● 물건 이름으로 '빙고 게임'을 해 봅시다.
Play a bingo game using the names of objects.

보기

이건 의자예요.

의자			
			가방

쓰기 2 Writing 2

● 여러분의 탁자에 무슨 물건이 있는지 쓰세요.
Write about the objects on your table.

1 어휘를 정리해 보세요.
Review the vocabulary.

휴대폰	한국어 책	_____
_____	_____	_____

2 내용을 정리해 보세요.
Review the content.

(1) 이것이 무엇이에요?   이것은 제 책상이에요.

(2) 이것이 무엇이에요?   이것은 _____ 이에요/예요.

(3) 저것이 무엇이에요?   저것은 _____ 이에요/예요.

(4) 저 책이 영어책이에요?   아니요, 저 책은 _____ 이에요/예요.

3 다음 문법과 표현을 사용해서 글을 써 보세요.
Write a passage using the following grammar and expressions.

☐ N의 N   ☐ N은/는   ☐ N이에요/예요   ☐ N이/가 아니에요   ☐ 이/그/저 N

이것은 제 책상이에요. 이것은 화장품이에요. 저것은 책이에요.

_____

_____

_____

_____

_____

4 쓴 내용을 발표해 보세요.
Give a presentation of your writing.

CHAPTER

03

장소

3-1 학교에서 한국어를 배워요

I learn Korean at school

- 학교에서 무엇을 해요?
  What do you do at school?

- 어디에서 친구를 만나요?
  Where do you meet your friends?

어휘 Vocabulary

장소 1 Places 1

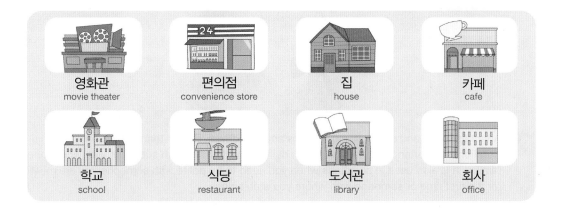

영화관 movie theater	편의점 convenience store
집 house	카페 cafe
학교 school	식당 restaurant
도서관 library	회사 office

● 그림을 보고 대화를 읽어 보세요.
Look at the pictures and read the conversations.

여기가 어디예요?
여기는 식당이에요.
여기 here

저기가 어디예요?
저기는 카페예요.
저기 over there

거기가 어디예요?
여기는 영화관이에요.
거기 there

동사 1 Verbs 1

사다 to buy	보다 to see, to look, to watch
먹다 to eat	읽다 to read
마시다 to drink	배우다 to learn
일을 하다 to work	공부를 하다 to study

어디 where

문법 1 Grammar 1

N을/를 V-아/어요

무엇을 해요?

책을 읽어요.

Attaches to the end of the stems of verbs and adjectives. Rather than being used in formal situations, it is often used comfortably in daily interactions or with superiors with whom one is familiar. It is also used in situations when you need to be polite with someone you are meeting for the first time or someone with whom you aren't close.

ㅏ, ㅗ → 아요	ㅓ, ㅜ, ㅣ … → 어요	하다 → 해요
닫다 + 아요 → 닫아요	먹다 + 어요 → 먹어요	일하다 + 해요 → 일해요
사다 + 아요 → 사요	읽다 + 어요 → 읽어요	공부하다 + 해요 → 공부해요
보다 + 아요 → 봐요	배우다 + 어요 → 배워요	
	마시다 + 어요 → 마셔요	

Attaches after a noun to indicate the object of a sentence.

N을	N를
빵 + 을 → 빵을	커피 + 를 → 커피를

※ Verbs in the N(을/를) 하다 form can be used as N하다.
　　일(을) 해요 → 일해요　　　공부(를) 해요 → 공부해요

• 마크는 영화를 **봐요**.　　　　　　• 카린은 빵을 먹어요.

• 가 빈 씨가 무엇을 **해요**?
　나 빈 씨는 일을 **해요**.

연습 Practice

◉ 보기 **와 같이 말해 보세요.**

Say out loud following the example.

보기

영화을 / **를** 보다

영화를 봐요.

(1) 커피 을 / 를 사다　　　　(2) 공부 을 / 를 하다

(3) 밥 을 / 를 먹다　　　　　(4) 문 을 / 를 닫다

닫다 to close | 영화 movie | 밥 rice, food | 문 door

1 그림을 보고 보기 와 같이 이야기해 보세요.
Look at the pictures and talk with your friend following the example.

보기

무엇을 해요?

책을 읽어요.

책   라면   한국어   커피   주스   읽다   사다   먹다   마시다   배우다

(1)   (2)   (3)   (4)

2 친구가 무엇을 해요? 친구와 이야기해 보세요.
What is your friend doing? Talk with your friend.

무엇을 마셔요?

물을 마셔요.

마시다

사다

보다

먹다

?

라면 ramyeon noodles

문법 2 Grammar 2

N에서

어디에서 책을 읽어요?

도서관에서 책을 읽어요.

Attaches after a noun to indicate the place in which an action or motion takes place.

N에서
집 + 에서 → 집에서
회사 + 에서 → 회사에서

• 마크가 학교에서 한국어를 배워요. • 파티마가 회사에서 일을 해요.

• 가 카린 씨, 어디에서 가방을 사요?
  나 저는 명동에서 가방을 사요.

연습 Practice

● 보기 와 같이 말해 보세요.
Say out loud following the example.

보기 집 / 휴대폰 / 보다

집에서 휴대폰을 봐요.

(1) 카페 / 커피 / 마시다

(2) 식당 / 밥 / 먹다

(3) 명동 / 친구 / 만나다

(4) 회사 / 일 / 하다

명동 Myeongdong | 만나다 to meet

96

1 그림을 보고 보기 와 같이 이야기해 보세요.
Look at the pictures and talk with your friend following the example.

보기

여기가 어디예요?

편의점이에요.

편의점에서 무엇을 해요?

라면을 먹어요.

보기

편의점

(1) 카페

(2) 교실

(3) 도서관

(4) 학생 식당

2 친구가 어디에서 무엇을 해요? 친구와 이야기해 보세요.
Where is your friend and what is she/he doing? Talk with your friend.

어디에서 책을 읽어요?

집에서 책을 읽어요.

책 / 읽다

옷 / 사다

친구 / 만나다

?

교실 classroom | 학생 식당 student cafeteria | 옷 clothes

대화 Conversation

● **다음 대화를 읽어 보세요.**
Read the following conversation.

Track 60

카린   마크 씨, 지금 뭐 해요?

마크   커피를 마셔요.

카린   어디에서 커피를 마셔요?

마크   카페에서 커피를 마셔요. 카린 씨는 뭐 해요?

카린   저는 집에서 영화를 봐요.

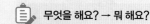 무엇을 해요? → 뭐 해요?

지금 now

연습 Practice

1 다음 단어를 사용해서 이야기해 보세요.
Have a conversation using the following words.

보기

커피 / 마시다

카페

집

영화 / 보다

(1)

밥 / 먹다

식당

편의점

라면 / 먹다

(2)

산책 / 하다

공원

도서관

공부 / 하다

(3)

친구 / 만나다

명동

홍대

옷 / 사다

2 대화한 내용을 써 보세요.
Write out the content of your conversation.

가 _____

나 _____

가 _____

나 _____

가 _____

산책(을) 하다 to take a walk | **공원** park | **홍대** Hongdae

듣고 말하기 Listening & Speaking

1 다음을 듣고 맞는 것에 연결하세요.
Listen to the following and connect the correct answers.

(1)　　　　　　(2)　　　　　　(3)　　　　　　(4)
·　　　　　　　·　　　　　　　·　　　　　　　·

·　　　　　　　·　　　　　　　·　　　　　　　·
Ⓐ　　　　　　Ⓑ　　　　　　Ⓒ　　　　　　Ⓓ

2 다음을 듣고 맞는 것에 O표, 틀린 것에 X표 하세요.
Listen to the following and mark a true picture with O and a false picture with X.

(1) 　(2) 　(3) 　(4)

(　　　)　　　　(　　　)　　　　(　　　)　　　　(　　　)

듣기 2 Listening 2

🎤 다음 그림을 보고 이야기해 보세요.
Look at the following picture and talk.

• 여기가 어디예요?

• 여기에서 무엇을 해요?

[1-4] 첸과 올가가 이야기를 합니다. 다음을 듣고 질문에 답하세요.
Chen and Olga are talking. Listen to the following and answer the questions.

Track 63

1 첸이 지금 뭐 해요?　　　(　　　　　　　)
What is Chen doing now?

① ② ③ ④

2 첸이 보통 어디에서 공부를 해요?
Where does Chen usually study?

(　　　　　　　　　　　　　　　　　　)

3 맞는 것에 O표, 틀린 것에 X표 하세요.
Mark a true statement with O and a false statement with X.

(1) 올가는 지금 숙제해요.　　　　　　　(　　　)

(2) 올가는 보통 집에서 공부해요.　　　　(　　　)

4 빈칸에 알맞은 단어를 쓰세요.
Fill in the blanks with the correct words.

첸은 지금 학생 식당에서 ☐☐ ☐☐☐ .

올가는 ☐☐ 에서 숙제를 해요. 첸은 보통 도서관에서 ☐☐☐ .

보통 usually, normally ｜ 숙제(를) 하다 to do homework

🎤 여러분은 매일 무엇을 해요? 보기 와 같이 이야기해 보세요.

What do you do every day? Talk with your friend following the example.

	매일 무엇을 해요?	어디에서 해요?
보기 첸	매일 공부를 해요.	집에서 공부를 해요.

매일 every day

발음 Pronunciation

의 Pronunciation of 의

1 규칙을 확인해 보세요.
Check the following rules.

> ㅢ is pronounced as a diphthong. However, when 의 is not the first syllable of a word, it can be pronounced as 이, and when 의 is used as a particle, it can be pronounced as 에.
>
> (1) 의 → [의]   의 자   [의자]
>
> (2) 의 → [이]   강 의   [강이]
>
> (3) 의 → [에]   친 구 의 책   [친구에책]
>
> In a syllable with a consonant for a first sound, ㅢ is pronounced as ㅣ.
>
> (4) 희 → [히]   저 희   [저히]

2 발음을 듣고 따라 해 보세요.
Listen to the pronunciation and repeat.

Track 64

(1)

의사	회의	언니의 생일	저희
[의사]	[회이]	[언니에생일]	[저히]

(2)

사무실에서 회의를 해요.	여의도 공원이 저기예요.
[회이를]	[여이도]

편의점에서 라면을 먹어요.	카린 씨의 집에 의자가 있어요.
[펴니저메서]	[카린씨에지베] [의자가]

3-2 홍대에 가요
I'm going to Hongdae

- **어디에 가요?**
  Where are you going?

- **카페가 어디에 있어요?**
  Where is the cafe?

어휘 Vocabulary

수 1 Numbers 1

0	1	2	3	4	5	6	7	8	9	10
공/영	일	이	삼	사	오	육	칠	팔	구	십
	10	20	30	40	50	60	70	80	90	100
	십	이십	삼십	사십	오십	육십	칠십	팔십	구십	백

1 보기 와 같이 써 보세요.
Write the answers following the example.

보기	(1)	(2)	(3)
(일)급	( )번	( )층	010-2345-6789 ( )-( )-( )

위치 1 Location 1

위 on top of, above	아래 / 밑 under, below	옆 next to	
앞 in front of	뒤 behind	안 inside of	밖 outside of

2 보기 와 같이 써 보세요.
Write the answers following the example.

보기
책상 (위)

(1) 책상 (　　　)

(2) 필통 (　　　)

(3) 책상 (　　　)

급 grade ｜ 번 number ｜ 층 floor

N이/가 N에 있다/없다

네, 있어요.

책이 있어요?

책상 위에 있어요.

책이 어디에 있어요?

있다 is an expression that indicates the existence of an object or person, and its opposite is 없다.

N이 있다/없다	N가 있다/없다
볼펜 + 이 있다 → 볼펜이 있다	모자 + 가 없다 → 모자가 없다

• 저는 동생이 있어요.

• 가 휴지가 있어요?
  나 아니요, 휴지가 없어요.

An expression that indicates where an object or person exists or is located.

N에 있다/없다	
가방 안 + 에 있다 → 가방 안에 있다	책상 위 + 에 없다 → 책상 위에 없다

※N에: A particle that attaches to a noun that indicates a place or location to express where a person or object exists or is located.

• 가방이 의자 위에 있어요.

• 가 편의점이 몇 층에 있어요?
  나 1층에 있어요.

• 가 파티마 씨가 어디에 있어요?
  나 회사에 있어요.

연습 Practice

● 보기 와 같이 골라 보세요.
Choose the correct answers following the example.

보기 물(이/ 가)	☑ 있어요.	☐ 없어요.
(1) 여권(이 / 가)	☐ 있어요.	☐ 없어요.
(2) 휴지(이 / 가)	☐ 있어요.	☐ 없어요.
(3) 돈(이 / 가)	☐ 있어요.	☐ 없어요.
(4) 모자(이 / 가)	☐ 있어요.	☐ 없어요.

있다 to have, to exist, there is | 없다 to not have, to not exist, there is not | 몇 how many, which | 돈 money

1 물건들이 어디에 있어요? 그림을 보고 보기 와 같이 이야기해 보세요.

Where are the objects? Look at the picture and talk with your friend following the example.

보기

우산

우산이 어디에 있어요?

소파 옆에 있어요.

(1) 휴대폰　　(2) 모자

(3) 가방　　(4) 지갑

(5) 고양이

2 친구들이 어디에 있어요? 그림을 보기 와 같이 이야기해 보세요.

Where is everyone? Look at the picture and talk with your friend following the example.

보기

카린 씨가 지금 어디에 있어요?

도서관에 있어요.

도서관은 어디에 있어요?

학교 뒤에 있어요.

보기

카린

(1) 첸　　(2) 마크　　(3) 엠마　　(4) 파티마

소파 sofa | **고양이** cat

문법 2 Grammar 2

N에 가다/오다

어디에 가요?

식당에 가요.

> An expression in which the particle 에 attaches after a place noun and is used with the motion verbs 가다 and 오다 to indicate motion toward a destination.

N에 가다 / 오다	
집 + 에 가다 → 집에 가다	학교 + 에 오다 → 학교에 오다

• 저는 카페에 자주 **가요.**　　　　• 친구가 한국에 **와요.**

• 가 카린 씨, 지금 어디에 **가요?**
　나 도서관에 **가요.** 도서관에서 책을 읽어요.

연습 Practice

● 보기 와 같이 말해 보세요.
Say out loud following the example.

보기　학교

학교에 가요.

(1) 집

(2) 사무실

(3) 은행

(4) 편의점

가다 to go ｜ 오다 to come ｜ **자주** often ｜ **사무실** office ｜ **은행** bank

1 그림을 보고 [보기] 와 같이 이야기해 보세요.

Look at the picture and talk with your friend following the example.

[보기]

레나 씨, 어디에 자주 가요?

저는 카페에 자주 가요.

카페에서 보통 뭐 해요?

카페에서 숙제를 해요.

[보기] 레나

(1) 카린

(2) 마크

(3) 파티마

(4) 엠마

2 수업 후에 어디에 가요? 거기에서 무엇을 하는지 친구와 이야기해 보세요.

Where do you go after class? Talk with your friend about what you do there.

학생 식당에 가요.
학생 식당에서 밥을 먹어요.

어디에 가요?

대화 Conversation

Track 65

● 다음 대화를 읽어 보세요.
Read the following conversation.

카린	지금 어디에 가요?
마크	친구 집에 가요. 카린 씨는 어디에 가요?
카린	저는 지금 서점에 가요.
마크	서점이 어디에 있어요?
카린	홍대입구역 알아요?
마크	네, 알아요.
카린	서점은 홍대입구역 옆에 있어요.

서점 book store | 홍대입구 Hongik University (subway station) | 역 station | 알다 to know

1 다음 단어를 사용해서 이야기해 보세요.
Have a conversation using the following words.

보기

친구 집

서점

홍대입구역

옆

(1)

편의점

도서관

학생 식당

뒤

(2)

집

영화관

홍익백화점

11층

(3)

식당

은행

홍익카페

앞

2 대화한 내용을 써 보세요.
Write out the content of your conversation.

가 _____

나 _____

가 _____

나 _____

가 _____

나 _____

가 _____

백화점 department store

읽고 말하기 Reading & Speaking

읽기 1 Reading 1

1 빈칸에 들어갈 가장 알맞은 답을 고르세요.
Choose the best answer to fill in the blank.

> 저는 책이 없어요. 그래서 (   )에 가요. 거기에서 책을 사요.

① 식당   ② 서점   ③ 도서관   ④ 백화점

2 다음을 보고 알맞은 것을 고르세요.
Look at the following and choose the correct answers.

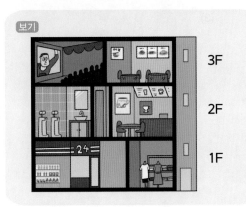

보기

3F
2F
1F

(1) 편의점이 (있어요 / 없어요).

(2) 화장실이 1층에 (있어요 / 없어요).

(3) 카페가 옷 가게 (위 / 아래)에 있어요.

(4) 식당이 영화관 (안 / 옆)에 있어요.

읽기 2 Reading 2

🎤 다음 그림을 보고 이야기해 보세요.
Look at the pictures below and talk.

• 여기가 어디예요?

• 사람들이 여기에서 무엇을 해요?

그래서 so, therefore | **화장실** bathroom | **가게** store, shop

[1-3] 마크와 올가는 지금 어디에 있습니까? 다음을 읽고 질문에 답하세요.
Where are Mark and Olga right now? Read the following and answer the questions.

저는 마크예요. 저는 명동에 자주 가요. 쇼핑을 좋아해요. 명동에는 옷 가게가 많이 있어요. 저는 옷 가게에서 옷을 구경해요. 그리고 옷을 사요.

저는 올가예요. 저는 지금 공원에 있어요. 저는 이 공원에 자주 와요. 이 공원은 우리 집 근처에 있어요. 저는 여기에서 산책을 해요. 공원 안에 카페가 있어요. 저는 커피를 좋아해요. 카페에서 커피를 마셔요.

1 맞는 것에 O표, 틀린 것에 X표 하세요.
Mark a true statement with O and a false statement with X.

(1) 마크는 쇼핑을 좋아해요. (   )

(2) 마크는 옷 가게에서 옷을 사요. (   )

2 이 글의 내용과 같은 것을 고르세요. (   )
Choose the statement that matches the content of the passages.

① 올가는 공원에 매일 가요.

② 카페는 공원 밖에 있어요.

③ 올가는 카페에서 친구를 만나요.

④ 공원은 올가의 집 근처에 있어요.

3 빈칸에 알맞은 단어를 쓰세요.
Fill in the blanks with the correct words.

마크는 [   ] 에 자주 가요. 거기에서 옷을 [   ] . 그리고 옷을

[   ] . 올가는 지금 [   ] 에 있어요. 올가는 공원에서 [   ] .

공원 [   ] 에 카페가 있어요. 거기에서 커피를 [   ] .

쇼핑 shopping | **좋아하다** to like | **많이** a lot, many | **구경(을) 하다** to observe, to look at | **그리고** and | **근처** near, neighborhood

🎤 여러분이 좋아하는 것과 자주 가는 곳에 대해서 보기 와 같이 이야기해 보세요.
Talk about the things you like and the places you often go following the example.

	보기 카린		
무엇을 좋아해요?	화장품		
어디에 자주/매일 가요?	화장품 가게		
어디에 있어요?	명동		
거기에서 무엇을 해요?	화장품을 구경해요		

한국의 방
Korean "Rooms"

　예전부터 한국인들에게 방은 잠을 자고 식사도 하며 손님을 맞이하는 등 다양한 활동을 하는 공간이었습니다. 이러한 전통적인 방의 기능 때문에 '방'이라는 이름을 붙인 다양한 시설들이 생겼습니다. 예를 들면 노래를 할 수 있는 노래방, 빨래를 할 수 있는 빨래방, 게임을 할 수 있는 PC방, 찜질을 하면서 쉴 수 있는 찜질방 등이 있습니다. 여러분이 알고 있는 한국의 방은 어떤 것이 있나요?

　Since old times, rooms have been spaces for Korean people to do various activities such as sleeping, eating, and welcoming guests. Because of the functions of these traditional rooms, various facilities have been created with the word "room" in their name. For example, there are "singing rooms (노래방)" where you can sing, "laundry rooms (빨래방)" where you can do laundry, "PC rooms (PC방)" where you can play games, and "sauna rooms (찜질방)" where you can enjoy a sauna. Which Korean "room" do you know about?

노래방

빨래방

PC방

찜질방

3-3 한 단계 오르기
Step Up!

어휘 늘리기 1 Expanding Vocabulary 1

장소 2 / 동사 2 Places 2 / Verbs 2

1 다음의 동사를 '–아/어요'로 바꿔 보세요.
Change the following verbs to their -아/어요 form.

학교 school		카페 cafe		교실 classroom	
배우다 to learn	가르치다 to teach	만나다 to meet	기다리다 to wait	닫다 to close	열다 to open
배워요	_____	_____	_____	_____	_____

집 house		약국 pharmacy	문구점 stationery store	은행 bank
쉬다 to rest	자다 to sleep	사다 to buy		찾다 to withdraw (money)
_____	_____	_____		_____

2 빈칸에 알맞은 단어를 쓰세요.
Fill in the blanks with the correct words.

(1) [   ] 에서 잠을 자요.

(2) [   ] 에서 약을 사요.

(3) 카페에서 친구를 [   ].

(4) 카린이 교실에서 창문을 [   ].

(5) 선생님이 학교에서 한국어를 [   ].

잠 sleep │ 약 medicine │ 창문 window

어휘 늘리기 2 Expanding Vocabulary2

위치 2 Location 2

● 그림을 보고 보기 와 같이 이야기해 보세요.
Look at the pictures and talk with your friend following the example.

건너편	오른쪽	왼쪽
opposite side	right	left

(1)

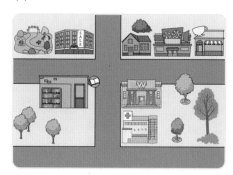

병원	집	은행
카페	공원	서점

가 병원이 어디에 있어요?

나 은행 앞에 있어요.

가 집은 어디에 있어요?

나 집은 은행 **건너편**에 있어요.

가 ⬚⬚⬚⬚⬚⬚ 이/가 어디에 있어요?

나 ⬚⬚⬚⬚⬚⬚ ⬚⬚⬚⬚⬚⬚ 에 있어요.

(2)

컴퓨터	우산	볼펜
시계	꽃	휴대폰

가 컴퓨터가 어디에 있어요?

나 책 **왼쪽**에 있어요.

가 우산은 어디에 있어요?

나 가방 **오른쪽**에 있어요.

가 ⬚⬚⬚⬚⬚⬚ 이/가 어디에 있어요?

나 ⬚⬚⬚⬚⬚⬚ ⬚⬚⬚⬚⬚⬚ 에 있어요.

시계 clock

문법 늘리기 1 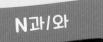 Expanding Grammar 1

N과/와

가 책상 위에 무엇이 있어요?
나 책상 위에 책과 휴지가 있어요.

---

1 그림을 보고 문장을 완성해 보세요.
Look at the pictures and complete the sentences.

 　(1) 탁자 위에 ＿＿＿＿＿＿＿＿ 과/와 ＿＿＿＿＿＿＿＿ 이/가 있어요.

 　(2) 교실에 ＿＿＿＿＿＿＿＿ 과/와 ＿＿＿＿＿＿＿＿ 이/가 있어요.

 　(3) 학교에 ＿＿＿＿＿＿＿＿ 과/와 ＿＿＿＿＿＿＿＿ 이/가 있어요.

2 그림을 보고 이야기해 보세요.
Look at the picture and talk.

침대	책상	탁자	옷장
책	컵	옷	가방
지갑	시계	휴지	모자
휴대폰	고양이		

가 ［ 책상 위 ］ 에 무엇이 있어요?

나 ［ 책상 위 ］ 에 ＿＿＿＿＿＿＿ 과/와 ＿＿＿＿＿＿＿ 이/가 있어요.

컵 cup ｜ **옷장** closet ｜ **침대** bed

N과/와

Attaches to the end of a noun and is used when listing several objects or people.
In everyday speech, N하고 is frequently used instead of N과/와.

N과	N와
지갑 + 과 → 지갑과	모자 + 와 → 모자와

문법 늘리기 2 Expanding Grammar 2

N도

가 저는 한국 사람이에요.
나 저도 한국 사람이에요.

1 보기 와 같이 문장을 완성해 보세요.
Complete the sentences following the example.

보기 | 첸 / 카린 | 첸은 학생이에요. _____카린도 학생이에요_____ .

(1) 커피 / 주스 | 마크가 커피를 마셔요. _____.

(2) 영화관 / 집 | 저는 영화관에서 영화를 봐요. _____.

(3) 침대 위 / 의자 위 | 바지가 침대 위에 있어요. _____.

2 그림을 보고 보기 와 같이 이야기해 보세요.
Look at the pictures and talk with your friend following the example.

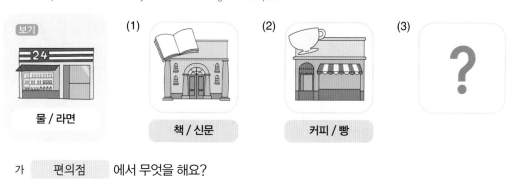

보기 물 / 라면

(1) 책 / 신문

(2) 커피 / 빵

(3) ?

가   편의점   에서 무엇을 해요?

나   물을 사요   . 그리고   라면도 사요   .

신문 newspaper

N도

Attaches to the end of a noun when listing several items or to express addition of an object.
It is used in forms including N(place)에서도 and N(place)에도.

말하기 1 Speaking 1

1 그림을 보고 말해 보세요.
Look at the pictures and talk.

(1) 어디에 가요?

(2) 거기에서 무엇을 해요?

2 다음 대화를 읽고 연습해 보세요.
Read the following conversation and practice.

Track 66

첸	지금 어디에 가요?
엠마	옷 가게에 가요.
첸	옷 가게가 어디에 있어요?
엠마	학교 옆에 있어요.
첸	거기에서 뭘 해요?
엠마	바지하고 치마를 사요. 첸 씨는 어디에 가요?
첸	영화관에 가요. 저는 영화를 좋아해요.
엠마	저도 영화를 좋아해요.

옷 가게 학교 옆 바지 / 치마 / 사다 영화관 영화	문구점 홍익백화점 2층 볼펜 / 공책 / 사다 고양이 카페 고양이	공원 홍대입구역 근처 카린 / 빈 / 만나다 화장품 가게 화장품	?

바지 pants | 치마 skirt

120

말하기 2 Speaking 2

1 여러분의 방에 있는 물건과 방에서 하는 일에 대해 친구와 이야기해 보세요.
Talk with your friends about the objects in your room and what you do in your room.

(1) 방에 있는 물건을 써 보세요.

☐ 책상   ☐ 옷장   ☐ 탁자   ☐ _____

☐ 가방   ☐ 옷   ☐ 꽃   ☐ _____

(2) 친구에게 질문해 보세요.

질문	대답
방에 뭐가 있어요?	_____ 하고 _____ 이/가 있어요.
_____ 도 있어요?	네, 있어요. / 아니요, 없어요.
_____ 이/가 어디에 있어요?	_____ 은/는 _____ 에 있어요.
보통 방에서 뭐 해요?	보통 방에서 _____. 그리고 _____.

2 다음과 같이 발표해 보세요.
Give a presentation following the example.

> 첸 씨의 방에 옷하고 가방이 있어요. 방에 꽃도 있어요.
> 옷은 옷장 안에 있어요. 첸 씨는 보통 방에서 숙제를 해요.
> 그리고 쉬어요.

질문 question | **대답** answer | **방** room

쓰기 1 Writing 1

● 다음 그림을 보고 단어를 사용해서 문장을 쓰세요.
Look at the following pictures and use the words to write sentences.

| 옷   돈   공책   볼펜   화장품   사다   찾다   구경하다 |

1층에 은행과 옷 가게가 있어요.

옷 가게에서 _____

_____

_____

쓰기 2 Writing 2

● 여러분 집의 위치와 집 근처에 있는 것을 쓰세요.
Write about the location of your house and your neighborhood.

1 어휘를 정리해 보세요.
Review the vocabulary.

(1) 집 근처에 무엇이 있어요?

| 편의점   은행   학교 | | |

(2) 집 약도를 보기 와 같이 간단하게 그려 보세요.

보기

2 내용을 정리해 보세요.
Review the content.

(1) 집이 어디에 있어요? 우리 집은 _____에 있어요.

(2) 집 근처에 무엇이 있어요? 집 근처에 _____과/와 _____이/가 있어요.

 그리고 건너편에 _____도 있어요.

(3) 집 근처에서 어디에 자주 가요? 저는 _____에 자주 가요.

(4) 거기가 어디에 있어요? _____은/는 _____에 있어요.

(5) 거기에서 무엇을 해요? _____에서 _____ .

3 다음 문법과 표현을 사용해서 글을 써 보세요.
Write a passage using the following grammar and expressions.

☐ N에서   ☐ N과/와   ☐ N도
☐ N에 가다   ☐ N이/가 N에 있다/없다   ☐ N을/를 V-아/어요

우리 집은   에 있어요.

_____

_____

_____

_____

4 쓴 내용을 발표해 보세요.
Give a presentation of your writing.

music

CHAPTER

04

날짜

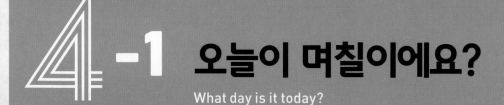

4-1 오늘이 며칠이에요?
What day is it today?

- 오늘이 몇 월 며칠이에요?
  What is the date today?

- 여러분은 언제 한국어를 배워요?
  When do you study Korean?

126

어휘 Vocabulary

날짜와 요일 Dates and Days

03 2024 MARCH

일	월	화	수	목	금	토
			1	2	3	4
5	6	7 어제 yesterday	8 오늘 today	9 내일 tomorrow	10	11
12	13	14	15	16	17	18
19	20	21	22	23	24	25

지난주 last week
이번 주 this week
다음 주 next week

년 years	1995년		2023년		2040년	
	천구백구십오 년		이천이십삼 년		이천사십 년	

월 months	1월	2월	3월	4월	5월	6월
	일월	이월	삼월	사월	오월	유월
	7월	8월	9월	10월	11월	12월
	칠월	팔월	구월	시월	십일월	십이월

일 days	1일	2일	…	4일	5일	6일	…	9일	10일
	일일	이일		사일	오일	육일		구일	십일
	11일	12일	…	19일	20일	21일	…	30일	31일
	십일일	십이일		십구일	이십일	이십일일		삼십일	삼십일일

요일 days of the week	월요일 Monday	화요일 Tuesday	수요일 Wednesday	목요일 Thursday	금요일 Friday	토요일 Saturday	일요일 Sunday

평일 weekdays

주말 weekend

● 보기 와 같이 말해 보세요
Say out loud following the example.

보기 날짜 2010년 2월 7일

이천십 년 이월 칠일이에요.

(1) 1998년 1월 22일   (2) 2006년 5월 10일

(3) 2024년 6월 6일   (4) 2030년 10월 30일

날짜 date

문법 1 Grammar 1

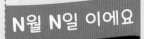

N월 N일 이에요

오늘이 며칠이에요?

오늘은 삼월 십이일이에요.

An expression used when talking about the date.

질문	대답
N이/가 (몇 월) 며칠이에요?	N은/는 N월 N일이에요.

An expression used when talking about the day of the week.

질문	대답
N이/가 무슨 요일이에요?	N은/는 N요일이에요.

- 오늘은 6월 14일이에요.
- 내일은 금요일이에요.

- 가 파티가 언제예요?
  나 파티는 팔월 십일일이에요. 일요일이에요.

연습 Practice

● 보기 와 같이 말해 보세요.
Say out loud following the example.

보기

| 오늘 / 며칠 | 7월 20일 |

오늘이 며칠이에요?

오늘은 칠월 이십일이에요.

(1) 오늘 / 무슨 요일   금요일   (2) 내일 / 며칠   4월 30일

(3) 시험 / 언제   7월 19일   (4) 파티 / 언제   이번 주 토요일

며칠 what day | **무슨** what, what kind | **언제** when | **파티** party | **시험** test

활동 Activity

1 보기 **와 같이 이야기해 보세요.**
Talk with your friend following the example.

보기

오늘이 며칠이에요?

오늘은 이월 삼일이에요.

무슨 요일이에요?

화요일이에요.

보기
오늘
2월 **3**일
화요일

(1)
내일
10월 **18**일
목요일

(2)
생일
4월 **26**일
토요일

(3)
오늘
12월 **31**일
일요일

(4)
내일
9월 **10**일
금요일

(5)
생일
6월 **1**일
수요일

2 **친구와 이야기해 보세요.**
Talk with your friend.

엠마 씨, 생일이 언제예요?

생일은 5월 14일이에요.

생일

방학

시험

?

생일 birthday | **방학** vacation

문법 2 Grammar 2

N에

월요일에 뭐 해요?

월요일에 한국어를 배워요.

(Attaches after a noun) Used to indicate when a motion, action, or condition takes place.

N에	
주말 + 에 → 주말에	이번 주 + 에 → 이번 주에

※ However, 에 is not used after 오늘, 어제, 내일, 매일, 매주, 지금, or 언제.

오늘에 도서관에서 공부를 해요. (X)

오늘 도서관에서 공부를 해요. (O)

· 2월 14일에 가족이 한국에 와요.

· 가 금요일에 뭐 해요?

나 금요일에 홍대에서 맥주를 마셔요.

연습 Practice

● 보기 와 같이 말해 보세요.

Say out loud following the example.

보기 저는 월요일 학교에 가요.

저는 월요일에 학교에 가요.

(1) 저는 평일 한국어를 배워요.

(2) 마크는 매주 쇼핑을 해요.

(3) 카린 씨, 언제 댄스 수업이 있어요?

(4) 7월 4일 과 7월 5일 시험이 있어요.

가족 family │ 맥주 beer │ 매주 every week │ 댄스 dance │ 수업 class, lesson

1 그림을 보고 (보기)와 같이 이야기해 보세요.
Look at the pictures and talk with your friend following the example.

(보기)

언제 공원에서 산책을 해요?

오늘 공원에서 산책을 해요.

06

일	월	화	수	목	금	토
		1 오늘	2	3	4	5
6	7	8 (보기) 공원 / 산책	9 (1) 도서관 / 책	10	11	12
13	14 (2) 학생 식당 / 밥	15	16	17	18 (5) 카페 / 공부	19 카페 / 공부
20	21	22 (3) 영화관 / 영화	23	24	25	26
27 (4) 홍대 / 친구	28	29	30	31		

2 여러분은 평일에 무엇을 해요? 친구와 이야기해 보세요.
What do you do on weekdays? Talk with your friend.

엠마 씨, 월요일에 뭐 해요?

저는 월요일에 친구를 만나요.

월요일   화요일   수요일   목요일   금요일

대화 Conversation

● **다음 대화를 읽어 보세요.**
Read the following conversation.

카린 마크 씨, 이번 주에 뭐 해요?

마크 저는 화요일에 도서관에 가요.

카린 거기에서 뭐 해요?

마크 숙제를 해요. 카린 씨는 이번 주에 뭐 해요?

카린 내일은 혼자 집에서 공부를 해요.

    그리고 목요일에는 명동에서 친구를 만나요.

혼자 by oneself, alone

연습 Practice

1 다음 단어를 사용해서 이야기해 보세요.
Have a conversation using the following words.

보기

도서관

숙제를 하다

목요일

명동에서 친구를 만나다

(1)

한강 공원

산책을 하다

주말

노래방에 가다

(2)

백화점

선물을 사다

토요일

영화관에 가다

(3)

신촌

쇼핑을 하다

금요일

학교에서 시험을 보다

2 대화한 내용을 써 보세요.
Write out the content of your conversation.

가 _____

나 _____

가 _____

나 _____

가 _____

_____

노래방 singing room (noraebang) | **선물** gift, present | **신촌** Sinchon | **쇼핑(을) 하다** to go shopping | **시험을 보다** to take a test

듣고 말하기 Listening & Speaking

듣기 1 Listening 1

Track 68

● 다음을 듣고 맞는 것에 O표, 틀린 것에 X표 하세요.
Listen to the following and mark a true statement with O and a false statement with X.

(1) 내일은 8월 2일이에요.　　　(　　　)

(2) 내일은 목요일이에요.　　　(　　　)

(3) 주말에 산책을 해요.　　　(　　　)

(4) 생일은 5월 17일이에요.　　　(　　　)

듣기 2 Listening 2

🎤 첸이 언제, 무엇을 해요? 다음을 보고 이야기해 보세요.
What is Chen doing when? Look at the following and talk.

	화				토	일
시험을 봐요	게임을 해요		노래방에 가요		공부를 해요	친구를 만나요

• 첸이 언제 노래방에 가요?

• 주말에 뭐 해요?

• 무슨 요일에 시간이 있어요?

게임(을) 하다 to play games

134

[1-5] 첸과 카린이 이야기를 합니다. 다음을 듣고 질문에 답하세요.

Chen and Karin are talking. Listen to the following and answer the questions.

Track 69

1 카린은 언제 공연을 해요?　　　　(　　　　　)

When is Karin's concert?

① 토요일 아침과 일요일 점심　　　　　② 토요일 저녁과 일요일 점심

③ 토요일 점심과 일요일 저녁　　　　　④ 토요일 저녁과 일요일 아침

2 맞는 것에 O표, 틀린 것에 X표 하세요.

Mark a true statement with O and a false statement with X.

(1) 카린은 댄스 학원에서 춤과 노래를 배워요.　　　(　　　　)

(2) 카린은 주말에 공연을 봐요.　　　　　　　　　　(　　　　)

(3) 첸은 주말에 혼자 공부를 해요.　　　　　　　　　(　　　　)

3 첸은 언제 시험을 봐요?　　　　(　　　　)

When is Chen taking a test?

① 다음 주 월요일　　② 다음 주 일요일　　③ 이번 주 월요일　　④ 이번 주 일요일

4 첸은 주말에 어디에 가요?　　　　(　　　　)

Where is Chen going on the weekend?

① 학교　　　　　　② 홍대　　　　　　③ 댄스 학원　　　　④ 마크의 집

5 빈칸에 알맞은 단어를 쓰세요.

Fill in the blanks with the correct words.

카린은 매주 [　] 요일과 [　] 요일에 춤과 노래를 배워요. 이번 주말에 홍대 근처에서 [　　] 을 해요. 첸은 이번 주말에 시간이 없어요. 다음 주 [　] 요일에 [　　] 이 있어요. 그래서 주말에 공부를 해요.

학원 academy | 춤을 추다 to dance | 노래(를) 하다 to sing | 공연 concert | 저녁 evening | 점심 afternoon
아침 morning | 시간 time | 미안해요 Sorry | 단어 vocabulary | 알겠어요 Alright, I understand

🎤 **여러분은 주말에 무엇을 해요?** 보기 **와 같이 이야기해 보세요.**
What do you do on weekends? Talk with your friend following the example.

	토요일에 뭐 해요?	일요일에 뭐 해요?
보기 첸	공부를 해요.	친구를 만나요.

'ㅎ' 탈락 'ㅎ' Ellision

1 규칙을 확인해 보세요.
Check the following rules.

When a vowel follows a final consonant ㅎ, the ㅎ is eliminated and not pronounced.

좋 + 아 → [조 아]

2 발음을 듣고 따라 해 보세요.
Listen to the pronunciation and repeat.

Track 70

(1)

좋아해요	많이	싫어해요	괜찮아요
[조아해요]	[마니]	[시러해요]	[괜차나요]

(2)

저는 춤과 노래를 좋아해요.	첸이 지갑에 돈을 넣어요.
[조아해요]	[너어요]

어제 지갑을 잃어버렸어요.	카린은 밥을 많이 먹지 않아요.
[이러버려써요]	[마니] [아나요]

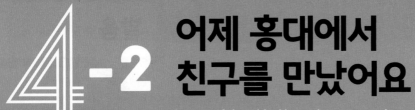

4-2 어제 홍대에서 친구를 만났어요

I met a friend in Hongdae yesterday

- **어제 어디에 갔어요?**
  Where did you go yesterday?

- **거기에서 무엇을 했어요?**
  What did you do there?

어휘 Vocabulary

재미있다
to be fun

재미없다
to be boring

맛있다
to taste good, to be delicious

맛없다
to taste bad

싸다
to be cheap/inexpensive

비싸다
to be expensive

많다
many, a lot

적다
few, little

좋다
to be good

작다
to be small

● 보기 **와 같이 이야기해 보세요.**
Talk with your friend following the example.

| 영화 | 빵 | 커피 | 학생 | 날씨 | 가방 |

날씨 weather | **어때요?** How is it?, How about…?

문법 1 Grammar 1

'으' 탈락

이 옷이 어때요?

예뻐요.

! When an adjective or verb stem ends in the vowel — and is conjugated into the −아/어 ending, — is eliminated

'으' + 아/어
아프다 + 아요 → 아파요
예쁘다 + 어요 → 예뻐요
쓰다 + 어요 → 써요

· 배가 **고파요**.

· 가 지금 뭐 해요?
  나 이메일을 **써요**.

· 머리가 **아파요**. 그래서 기분이 **나빠요**.

연습 Practice

● 보기 와 같이 말해 보세요.
Say out loud following the example.

보기
아파요.

보기 아프다 to hurt	(1) 나쁘다 to be bad
(2) 바쁘다 to be busy	(3) (배가) 고프다 to be hungry
(4) 예쁘다 to be pretty	(5) 크다 to be big
(6) 쓰다 to write	(7) 끄다 to turn off

배 stomach | 머리 head | 기분 mood | 이메일 email

1 그림을 보고 보기 와 같이 이야기해 보세요.
Look at the pictures and talk with your friend following the example.

오늘 바빠요?

아니요, 내일 바빠요.

보기

오늘	내일
	댄스 수업
	쇼핑

(1) 배가 아파요?

(2) 편지를 써요?

(3) 기분이 좋아요?

(4) 창문이 작아요?

(5) 휴대폰을 켜요?

2 친구와 이야기해 보세요.
Talk with your friend.

보기

오늘 날씨가 어때요?

날씨가 좋아요.

날씨가 나빠요.

| 오늘 날씨 | 기분 | 교실 | ? |

켜다 to turn on | **편지** letter

문법 2 Grammar 2

A/V -았/었어요

어제 뭐 했어요?

홍대에서 친구를 만났어요.

❗ Indicates that a situation or event occurred in the past.

ㅏ, ㅗ → 았어요	ㅓ, ㅜ, ㅣ … → 었어요	하다 → 했어요
닫다 + 았어요 → 닫았어요	먹다 + 었어요 → 먹었어요	일(을) 하다 + 해요
싸다 + 았어요 → 쌌어요	맛있다 + 었어요 → 맛있었어요	→ 일(을) 했어요
좋다 + 았어요 → 좋았어요	마시다 + 었어요 → 마셨어요	공부(를) 하다 + 해요
보다 + 았어요 → 봤어요	으 크다 + 었어요 → 컸어요	→ 공부(를) 했어요

N이었어요	N였어요
목요일 + 이었어요 → 목요일이었어요	어제 + 였어요 → 어제였어요

- 지난주에 동생이 한국에 **왔어요**.
- 올가는 고향에서 회사원**이었어요**.

- 가 어제 뭐 **했어요**?
  나 공원에서 자전거를 **탔어요**.

- 가 어제 날씨가 **어땠어요**?
  나 날씨가 **좋았어요**.

연습 Practice

● 보기 와 같이 말해 보세요.
Say out loud following the example.

보기
빵 / 먹다

어제 빵을 먹었어요.

(1) 주스 / 사다

(2) 책 / 읽다

(3) 산책 / 하다

(4) 이메일 / 쓰다

(5) 사람 / 적다

(6) 머리 / 아프다

고향 hometown | **자전거** bicycle | **타다** to ride

1 그림을 보고 보기 와 같이 이야기해 보세요.

Look at the picture and talk with your friend following the example.

보기

어제 어디에 갔어요?

거기에서 뭐 했어요?

카페에 갔어요.

아메리카노를 마셨어요.

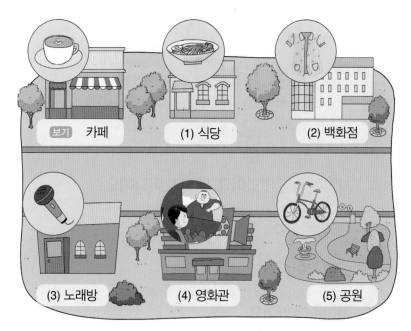

| 보기 카페 | (1) 식당 | (2) 백화점 |
| (3) 노래방 | (4) 영화관 | (5) 공원 |

2 여러분은 어제 어디에 갔어요? 거기에서 무엇을 했는지 친구와 이야기해 보세요.

Where did you go and when? What did you do there? Talk with your friend.

저는 어제 명동에 갔어요.
명동에서 쇼핑을 했어요. 밥도 먹었어요.

대화 Conversation

● 다음 대화를 읽어 보세요.
Read the following conversation.

마크   사진이 정말 멋있어요. 여기가 어디예요?

카린   경복궁이에요.

마크   언제 갔어요?

카린   지난주에 갔어요.

마크   경복궁에서 뭐 했어요?

카린   한복을 입었어요. 한복이 예뻤어요.

정말 really, very | 멋있다 to be cool, to be handsome | 경복궁 Gyeongbokgung Palace
한복 hanbok (traditional Korean clothes) | 입다 to wear

연습 Practice

1 다음 단어를 사용해서 이야기해 보세요.
Have a conversation using the following words.

보기

| 경복궁 |
| 지난주 |
| 한복을 입다 |
| 한복이 예쁘다 |

(1)

| 한강 공원 |
| 지난 주말 |
| 산책을 하다 |
| 공원이 크다 |

(2)

| 명동 |
| 어제 |
| 옷을 사다 |
| 옷이 싸다 |

(3)

| 부산 |
| 지난 방학 |
| 바다를 보다 |
| 바다가 예쁘다 |

2 대화한 내용을 써 보세요.
Write out the content of your conversation.

가 _____

나 _____

가 _____

나 _____

가 _____

나 _____

한강 공원 Hangang River Park | **지난 주말** last weekend | **부산** Busan | **바다** sea, ocean

읽고 말하기 Read and Speak

읽기 1 Reading 1

1 다음은 무엇에 대한 이야기입니까? 알맞은 답을 고르세요.　(　　　)
What is the following sentences about? Choose the correct answer.

> 내일은 친구의 생일이에요. 그래서 백화점에 갔어요. 백화점에서 선물을 샀어요.

① 주말　　　　② 쇼핑　　　　③ 시험　　　　④ 방학

2 다음을 보고 맞는 것에 O표, 틀린 것에 X표 하세요.
Look at the following and mark a true statement with O and a false statement with X.

(1) 어제 배가 많이 고팠어요.(　　　)　　　(2) 주말에도 회사에서 일했어요. 바빴어요.(　　　)

읽기 2 Reading 2

🎤 다음 메시지를 읽고 이야기해 보세요.
Read the following message and talk.

안녕하세요. 첸이에요.
이번 주 토요일은 제 생일이에요.
토요일에 시간이 있어요?
우리 집에서 같이 밥을 먹어요.

• 생일이 언제예요?

• 누구의 생일이에요?

같이 together

[1-4] 다음은 빈이 쓴 글입니다. 다음을 읽고 질문에 답하세요.
The following is a passage written by Bin. Read the following and answer the questions.

어제는 첸의 생일이었어요. 첸의 집에서 생일 파티를 했어요. 생일 파티에 친구들이 많이 왔어요. 친구들이 선물을 준비했어요. 엠마는 생일 케이크를 만들었어요. 케이크가 예뻤어요. 마크는 모자를 샀어요. 모자가 멋있었어요. 저는 옷과 생일 카드를 줬어요. 첸이 선물을 좋아했어요. 우리는 중국 음식을 먹었어요. 그리고 한국 음식도 먹었어요. 파티가 재미있었어요

1 맞는 것에 O표, 틀린 것에 X표 하세요.
Mark a true statement with O and a false statement with X.

(1) 첸은 식당에서 생일 파티를 했어요.　　　　　　(　　　　)

(2) 첸과 친구들은 중국 음식과 한국 음식을 먹었어요.　　(　　　　)

2 누가 선물을 준비했어요? 이름을 쓰세요.
Who prepared the gifts? Write their names.

(1) 　(2) 　(3) 　(4)

3 이 글의 내용과 같은 것을 고르세요.　(　　　　)
Choose the statement that matches the passage.

① 옷이 예뻤어요.　② 모자가 멋있었어요.　③ 케이크가 맛있었어요.　④ 생일 카드가 재미있었어요.

4 빈칸에 알맞은 단어를 쓰세요.
Fill in the blanks with the correct words.

어제는 첸의 [　　] 이었어요. 첸의 집에서 생일 [　　] 를 했어요. 친구들이 많이 왔어요. 친구들은 생일 [　　] 을 준비했어요. 첸과 친구들은 [　　] 음식과 [　　] 음식을 먹었어요. 파티가 [　　　　　　].

─들 plural suffix ｜ 준비(를) 하다 to prepare, to get ready ｜ 케이크 cake ｜ 만들다 to make ｜ 카드 card ｜ 주다 to give

🎤 **여러분은 생일에 무엇을 선물했어요? 보기 와 같이 이야기해 보세요.**
What birthday presents have you given? Talk with your friend following the example.

	보기 **카린**		
누구의 생일이었어요?	동생		
생일이 언제예요?	7월 27일		
무엇을 샀어요?	딸기 케이크		
왜 그것을 샀어요?	동생이 딸기 케이크를 좋아해요. 그래서 딸기 케이크를 샀어요.		

딸기 strawberry

문화가 있는 날
Culture Days

한국에서는 다양한 문화 시설을 쉽게 즐길 수 있도록 매달 마지막 수요일을 '문화가 있는 날'로 지정하고 있습니다. 이날 영화관, 서울의 고궁(경복궁, 덕수궁, 창덕궁, 창경궁), 미술관, 박물관 등을 방문하면 다양한 문화 시설을 할인을 받거나 무료 관람을 할 수 있으니 여러분도 한번 저렴하게 문화 시설을 이용해 보시기 바랍니다.

In Korea, in order for various cultural facilities to be easily enjoyed, the final Wednesday of each month is designated a "Culture Day." On these days, when you visit movie theaters, ancient palaces in Seoul (Gyeongbokgung Palace, Deoksugung Palace, Changdeokgung Palace, and Changgyeonggung Palace), art museums, other museums, etc., you can receive a discount or free admission, so please try using these cultural facilities at a low price.

어휘 늘리기 1 Expanding Vocabulary 1

시간 표현 Time Expressions

작년 last year		올해 this year		내년 next year
지난달 last month		이번 달 this month		다음 달 next month
그저께 the day before yesterday	어제 yesterday	오늘 today	내일 tomorrow	모레 the day after tomorrow

오늘은 _____ 년 _____ 월 _____ 일 _____ 요일이에요.

작년	_____ 년		내년	_____ 년
지난달	_____ 월		다음 달	_____ 월
그저께	_____ 일		모레	_____ 일

① 빈칸에 알맞은 단어를 쓰세요.
Fill in the blanks with the correct words.

보기   5월 15일 | 오 | 늘 | 집에서 숙제를 해요.

05

일	월	화	수	목	금	토
28	29 한국	30	1	2	3	4
5	6	7	8	9	10	11 부산
12 부산	13 홍대/ 친구	14	15 오늘 집/ 숙제	16	17 공원/ 자전거	18

(1) 4월 29일   [   ] 에 한국에 왔어요.

(2) 5월 11일, 12일   [   ] [   ] 에 부산에 갔어요.

(3) 5월 13일   [   ] 홍대에서 친구를 만났어요.

(4) 5월 17일   [   ] 공원에서 자전거를 타요.

② 친구와 이야기해 보세요.
Talk with your friend.

(1) 언제 한국에 왔어요?

(2) 언제 고향 친구를 만났어요?

어휘 늘리기 2 Expanding Vocabulary 2

형용사 2 Adjectives 2

깨끗하다
to be clean

조용하다
to be quiet

똑똑하다
to be smart

친절하다
to be kind

피곤하다
to be tired

멋있다
to be cool, to be handsome

1 다음 단어에 어울리는 형용사를 말해 보세요.
Say the adjectives that match the following words.

(1)

교실	작다
	조용하다

(2)

| 제 친구 | 멋있다 |
| | |

2 다음 형용사에 어울리는 단어를 말해 보세요.
Say the words that match the following adjectives.

(1)

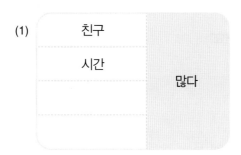

친구	
시간	많다

(2)

기분	
	좋다

문법 늘리기 1 Expanding Grammar 1

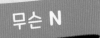
무슨 N

가 무슨 커피를 좋아해요?
나 저는 카페라테를 좋아해요.

1 그림을 보고 보기 와 같이 질문해 보세요.
Look at the pictures and create questions following the example.

보기

이게 무슨 옷이에요?

(1) 　　　(2) 　　　(3)

2 보기 와 같이 이야기해 보세요.
Talk with your friend following the example.

보기
무슨 주스를 자주 마셔요?   사과 주스를 자주 마셔요.

| 주스 | 음식 | 과일 | 커피 | ? |

가 무슨 _____ 을/를 _____ 아/어요?
나 _____ 을/를 _____ 아/어요

음식 food ｜ 과일 fruit

무슨 N

Used before a noun to ask about an unknown event, topic, object, etc.

문법 늘리기 2 Expanding Grammar 2

N과/와 (같이)

저는 지금 (혼자) 밥을 먹어요.   저는 지금 친구와 같이 커피를 마셔요.

1 보기 와 같이 문장을 완성해 보세요.
Complete the sentences following the example.

| 보기 | 첸 | 저는 지금 _____첸과 같이_____ 사무실에 가요. |

(1) 레나   (2) 카린   (3) 파티마   (4) 선생님

2 여러분은 어제 누구와 같이 시간을 보냈어요? 친구와 이야기해 보세요.
Who did you spend time with yesterday? Talk with your friend.

무엇을 했어요?				
쇼핑을 하다	영화를 보다	공부를 하다	맥주를 마시다	?

누구와 같이 했어요?			
OO 씨	친구	남자 친구 /여자 친구	?

가 어제 누구와 같이   았/었어요?

나   과/와 같이   았/었어요. (혼자   았/었어요.)

남자 친구 boyfriend | **여자 친구** girlfriend

N과/와 (같이)

Attaches to the end of a noun and is used to indicate someone or something with whom an action or motion is done together. It is used in both speaking and writing, and is mainly used in formal situations.

N과	N와
선생님 + 과 → 선생님과	친구 + 와 → 친구와

1 그림을 보고 말해 보세요.
Look at the pictures and talk.

(1) 남자는 주말에 뭐 했어요?

(2) 여자는 주말에 뭐 했어요?

(3) 여자는 혼자 그것을 했어요?

2 다음 대화를 읽고 연습해 보세요.
Read the following conversation and practice.

Track 72

카린 마크 씨, 주말에 뭐 했어요?

마크 집에 있었어요. 평일에 아주 바빴어요.

　　 그래서 토요일과 일요일에 집에서 쉬었어요. 카린 씨는 주말에 뭐 했어요?

카린 저는 영화관에 갔어요. 친구하고 같이 영화를 봤어요.

마크 무슨 영화를 봤어요?

카린 한국 영화를 봤어요. 영화가 재미있었어요.

영화관	카페	공원	
영화 / 보다	커피 / 마시다	꽃 / 구경하다	**?**
한국 영화	카페라테	장미	
영화 / 재미있다	커피 / 맛있다	꽃 / 예쁘다	

아주 very, so

154

말하기 2 Speaking 2

1 지난 주말에 간 장소에 대해 친구와 이야기해 보세요.
Talk with your friend about the places you went last weekend.

(1) 지난 주말에 어디에 갔어요?

(2) 누구하고 같이 갔어요?

(3) 거기에서 뭐 했어요?

(4) 거기가 어땠어요?

2 다음과 같이 발표해 보세요.
Give a presentation following the example.

> 첸 씨는 지난 주말에 레나 씨하고 같이 연남동에 갔어요.
> 연남동에서 점심을 먹었어요. 중국 음식을 먹었어요.
> 식당이 컸어요. 그리고 깨끗했어요. 하지만 음식이 비쌌어요.

연남동 Yeonnam-dong | 이태원 Itaewon | 강남 Gangnam

쓰기 1 Writing 1

● 다음을 보고 단어를 사용해서 문장을 쓰세요.
Look at the following and write sentences using the following words.

2/6 (토)	2/7 (일)		2/10 (수)	2/11 (목)	2/12 (금)
백화점 / 쇼핑	카페 / 주스	...	노래방 / 노래	집 / 공부	오늘
많다	맛있다		깨끗하다	피곤하다	

보기	지난주 토요일	그저께	어제	지난주 일요일

오늘은 2월 12일이에요. 지난주 토요일에는 백화점에서 쇼핑을 했어요. 백화점에 사람이

많았어요.   에는

_____

_____

쓰기 2 Writing 2

● 한국에 오기 전에 고향에서 무엇을 자주 했는지 쓰세요.
Write about what you did often in your home country before coming to Korea.

1 어휘를 정리해 보세요.
Review the vocabulary.

산책을 하다	한국어 공부를 하다	영화를 보다	자전거를 타다
맥주를 마시다	게임을 하다	친구를 만나다	_____

2 내용을 정리해 보세요.
Review the content.

(1) 언제 한국에 왔어요? 저는 _____에 한국에 왔어요.

(2) 고향에서는 무엇을 자주 했어요? _____을/를 자주 _____았/었어요.

(3) 언제 그것을 했어요? _____에 _____았/었어요.

(4) 그것을 누구와 같이 했어요? _____과/와 같이 _____았/었어요.

(5) 그리고 또 무엇을 자주 했어요? _____을/를 자주 _____았/었어요.

3 다음 문법과 표현을 사용해서 글을 써 보세요.
Write a passage using the following grammar and expressions.

☐ N과/와 같이   ☐ N도   ☐ N에
☐ N에 가다/오다   ☐ N이/가 A   ☐ A/V-았/었어요

저는 [   ] 에 한국에 왔어요.

_____

_____

_____

_____

_____

4 쓴 내용을 발표해 보세요.
Give a presentation of your writing.

music

CHAPTER

05

일상

5 -1 지금 몇 시예요?

What time is it now?

- 몇 시부터 몇 시까지 한국어를 배워요?
  From what time until what time do you learn Korean?

- 보통 수업이 끝나고 무엇을 해요?
  What do you usually do after class?

어휘 Vocabulary

수 2 Numbers 2

하나 one	둘 two	셋 three	넷 four
다섯 five	여섯 six	일곱 seven	여덟 eight
아홉 nine	열 ten	열하나 eleven	열둘 twelve
열셋 thirteen	열넷 fourteen	…	스물 twenty

시간 Time : N시 N분

01:00	02:00	03:00	04:00	05:00	06:00
*한 시 1 o'clock	*두 시 2 o'clock	*세 시 3 o'clock	*네 시 4 o'clock	다섯 시 5 o'clock	여섯 시 6 o'clock

07:00	08:00	09:00	10:00	11:00	12:00
일곱 시 7 o'clock	여덟 시 8 o'clock	아홉 시 9 o'clock	열 시 10 o'clock	열한 시 11 o'clock	열두 시 12 o'clock

01:10	한 시 십 분 1:10 (one-ten)	01:15	한 시 십오 분 1:15 (one-fifteen)	01:30	한 시 삼십 분 / 한 시 반 1:30 (one-thirty) / half past 1

● 보기 와 같이 이야기해 보세요.
Talk with your friend following the example.

보기

03:15   몇 시예요?   세 시 십오 분이에요.

(1) 2 : 25   (2) 5 : 43   (3) 8 : 30   (4) 11 : 11

시 o'clock | 분 minutes | 반 half, half past

N부터 N까지

9:00 ~ 12:50

몇 시부터 몇 시까지 한국어를 배워요?

아홉 시부터 열두 시 오십 분까지 한국어를 배워요.

Indicates the start and end time of a motion or condition.

N부터	N까지
금요일 + 부터 → 금요일부터	일요일 + 까지 → 일요일까지
한 시 + 부터 → 한 시부터	두 시 + 까지 → 두 시까지

• 두 시**부터** 세 시**까지** 숙제를 해요.

• 가 몇 시**부터** 몇 시**까지** 잠을 자요?
  나 열두 시**부터** 일곱 시**까지** 잠을 자요.

• 가 언제 한국어 수업이 있어요?
  나 월요일**부터** 금요일**까지** 한국어 수업이 있어요.

연습 Practice

● 보기 와 같이 말해 보세요.
Say out loud following the example.

보기 2 : 00 ～ 7 : 00 / 일하다

두 시부터 일곱 시까지 일해요.

(1) 8 : 45 ～ 10 : 55 / 영화를 보다

(2) 9 : 00 ～ 12 : 50 / 한국어를 배우다

(3) 7 : 00 ～ 8 : 00 / 아침을 먹다

(4) 3 : 30 ～ 4 : 20 / 숙제를 하다

아침(밥) breakfast

활동 Activity

1 그림을 보고 보기 와 같이 이야기해 보세요.
Look at the pictures and talk with your friend following the example.

보기

언제 쉬어요?

토요일부터 일요일까지 쉬어요.

토요일 ~ 일요일

☑ 쉬다　　□ 시험을 보다　　□ 운동을 하다　　□ 여행을 하다　　□ 공연이 있다

(1) 매일 저녁 7시 ~ 8시

(2) 5월 4일 ~ 5월 7일

(3) 다음 주 목요일 ~

(4) ~ 이번 주 금요일

2 여러분은 어제 무엇을 했어요? 친구와 이야기해 보세요.
What did you do yesterday? Talk with your friend.

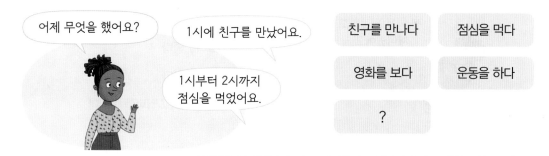

어제 무엇을 했어요?

1시에 친구를 만났어요.

1시부터 2시까지 점심을 먹었어요.

친구를 만나다　　점심을 먹다

영화를 보다　　운동을 하다

?

여행(을) 하다 to travel, to take a trip ｜ **운동(을) 하다** to work out ｜ **점심(밥)** lunch

문법 2 Grammar 2

A/V-고

점심을 먹고 뭐 해요?

저는 점심을 먹고 카페에 가요.

그 카페가 어때요?

그 카페는 조용하고 좋아요.

Indicates a list of two or more actions, conditions, or facts, or that actions are connected in chronological order.

A/V-고	
먹다 + 고 → 먹고	크다 + 고 → 크고

N이고	N고
책상 + 이고 → 책상이고	의자 + 고 → 의자고

- 제 방은 크고 깨끗해요.
- 이건 책상이고 저건 의자예요.
- 가 어제 운동을 하고 뭐 했어요?
  나 운동을 하고 맥주를 마셨어요.

- 빈은 커피를 마시고 저는 주스를 마셔요.
- 손을 씻고 밥을 먹어요.

연습 Practice

● 보기 와 같이 말해 보세요.
Say out loud following the example.

보기

첸 / 친절하다 / 재미있다

첸 씨는 친절하고 재미있어요.

(1) 라면 / 싸다 / 맛있다

(2) 책상 / 크다 / 좋다

(3) 저 / 일하다 / 쉬다

(4) 빈 / 저녁을 먹다 / 커피를 마시다

손 hand | 씻다 to wash | 저녁(밥) dinner

164

1 그림을 보고 보기 와 같이 이야기해 보세요.
Look at the pictures and talk with your friend following the example.

보기

아침을 먹고 뭐 해요?

저는 아침을 먹고 옷을 입어요.

(1) 점심을 먹고 뭐 해요?

(2) 매일 아침에 뭐 해요?

(3) 보통 일요일에 뭐 해요?

(4) 어제 저녁에 뭐 했어요?

2 쉬는 시간에 친구들이 무엇을 했어요? 친구와 이야기해 보세요.
What did these friends do in their free time? Talk with your friend.

보기

카린	마크
휴대폰을 보다	이야기를 하다

카린 씨는 휴대폰을 보고 마크 씨는 친구와 이야기를 했어요.

(1)

첸	엠마
화장실에 가다	사무실에 가다

(2)

빈	레나
커피를 마시다	빵을 먹다

(3)

파티마	올가
잠을 자다	책을 읽다

● 다음 대화를 읽어 보세요.
Read the following conversation.

Track 73

마크   파티마 씨, 주말에 뭐 했어요?

파티마 토요일에는 오전 10시부터 오후 3시까지 회사에서 일했어요.

마크   일요일에도 회사에서 일했어요?

파티마 일요일에는 집에서 쉬었어요. 마크 씨는 주말에 뭐 했어요?

마크   저는 친구를 만났어요.

파티마 친구하고 같이 뭐 했어요?

마크   영화를 보고 커피를 마셨어요.

오전 morning, a.m. | 오후 afternoon, p.m.

1 다음 단어를 사용해서 이야기해 보세요.
Have a conversation using the following words.

보기
- 오전 10시 ~ 오후 3시
- 회사에서 일하다
- 영화를 보다 / 커피를 마시다

(1)
- 오전 9시 ~ 오후 1시
- 집에서 한국어를 공부하다
- 점심을 먹다 / 공연을 보다

(2)
- 점심 ~ 저녁
- 학원에서 댄스를 배우다
- 운동을 하다 / 맥주를 마시다

(3)
- 하루 종일
- 도서관에서 시험을 준비하다
- 한강 공원에서 사진을 찍다 / 자전거를 타다

2 대화한 내용을 써 보세요.
Write out the content of your conversation.

가 _____

나 _____

가 _____

나 _____

가 _____

나 _____

가 _____

하루 종일 all day | **(사진을) 찍다** to take (a picture)

듣고 말하기 Listening & Speaking

듣기 1 Listening 1

Track 74

1 다음을 듣고 맞는 것에 연결하세요.
Listen to the following and connect the correct answers.

(1)   (2)   (3)   (4)
·   ·   ·   ·

·   ·   ·   ·
Ⓐ   Ⓑ   Ⓒ   Ⓓ

2 다음을 듣고 맞는 것에 O표, 틀린 것에 X표 하세요.
Listen to the following and mark a true statement with O and a false statement with X.

Track 75

10월	21 월요일	22 화요일	23 수요일	24 목요일	25 금요일	26 토요일	27 일요일
	수업	시험	시험	수업	수업	여행	여행

(1) (   )   (2) (   )   (3) (   )

듣기 2 Listening 2

🎤 다음 그림을 보고 이야기해 보세요.
Look at the following pictures and talk.

• 카페에서 무엇을 해요?

청소(를) 하다 to clean

[1-5] 마크와 엠마가 이야기를 합니다. 다음을 듣고 질문에 답하세요.
Mark and Emma are talking. Listen to the following and answer the questions.

Track 76

1 엠마는 보통 몇 시부터 몇 시까지 요리를 배워요?
From what time until what time does Emma usually learn cooking?

(   )

2 마크는 카페에서 무엇을 해요? 모두 고르세요. (,   )
What does Mark do at the cafe? Choose all the correct answers.

① 책을 읽어요.   ② 빵을 먹어요.

③ 커피를 마셔요.   ④ 한국어를 공부해요.

3 맞는 것에 O표, 틀린 것에 X표 하세요.
Mark a true statement with O and a false statement with X.

(1) 마크는 매일 홍익 카페에 가요.   (   )

(2) 엠마는 카린과 같이 카페에 갔어요.   (   )

(3) 엠마는 보통 평일에 카페에 가요.   (   )

4 빈칸에 알맞은 단어를 쓰세요.
Fill in the blanks with the correct words.

엠마는 수업이 끝나고 [   ] 학원에 가요. [ ] 시부터 [ ] 시까지 요리를 배워요.

어제는 [   ] 를 만들었어요. 마크는 보통 수업이 끝나고 [   ] 에 가요.

카페에서 [   ] 도 마시고 [ ] 도 [   ] . 엠마는 보통 일요일에 카페에

가요. 카페에서 한국 [   ] 하고 같이 [   ] 를 공부해요.

끝나다 to finish, to end | 요리 cooking | 불고기 bulgogi | 맞다 to be correct, to be right

🎤 여러분은 보통 수업이 끝나고 무엇을 해요? 보기 와 같이 이야기해 보세요.
What do you do after class ends? Talk with your friend following the example.

	보통 수업이 끝나고 뭐 해요?	그리고 뭐 해요?
보기 첸	저는 보통 수업이 끝나고 점심을 먹어요	점심을 먹고 산책을 해요.

발음 Pronunciation

경음화 Hard Sounds

1 규칙을 확인해 보세요.
Check the following rules.

When following a final consonant pronounced as [ㄱ], [ㄷ], or [ㅂ], the ㄱ, ㄷ, ㅂ, ㅅ, or ㅈ at the start of a syllable is pronounced as [ㄲ], [ㄸ], [ㅃ], [ㅆ], or [ㅉ].

[ㄱ],[ㄷ],[ㅂ] **+** ㄱ,ㄷ,ㅂ,ㅅ,ㅈ

→ [ㄱ],[ㄷ],[ㅂ] **+** [ㄲ],[ㄸ],[ㅃ],[ㅆ],[ㅉ]

2 발음을 듣고 따라 해 보세요.
Listen to the pronunciation and repeat.

Track 77

(1)

식당	숙제	듣고	일곱 시
[식땅]	[숙쩨]	[듣꼬]	[일곱씨]

(2)

학생 식당이 어디예요?
[학쌩식땅이]

밥을 먹고 낮잠을 자요.
[먹꼬] [낟짜믈]

몇 시에 학교에 가요?
[면씨에] [학꾜에]

음악도 듣고 인터넷도 해요.
[으막또] [듣꼬] [인터넫또]

5-2 이번 주말에 청소할 거예요

I'll clean up this weekend

- 이번 주말에 뭐 할 거예요?
  What will you do this weekend?

- 음악을 좋아해요? 보통 무슨 음악을 들어요?
  Do you like music? What kind of music do you usually listen to?

주말 활동 Weekend Activities

청소를 하다
to clean

낮잠을 자다
to take a nap

게임을 하다
to play games

텔레비전을 보다
to watch TV

단어를 외우다
to memorize vocabulary

운동을 하다
to work out

장을 보다
to go grocery shopping

아르바이트를 하다
to work a part-time job

머리를 하다
to do one's hair

● 보기 와 같이 이야기해 보세요.

Talk with your friend following the example.

보기

지난 주말에 무엇을 했어요?

저는 청소를 하고 운동을 했어요.

문법 1 Grammar1

V-(으)ㄹ 거예요

이번 주말에 뭐 할 거예요?

집에서 쉴 거예요.

> Attaches to a verb stem to indicate events, plans, and predictions that will occur in the future.

V-을 거예요	V-ㄹ 거예요
먹다 + 을 거예요 → 먹을 거예요	마시다 + ㄹ 거예요 → 마실 거예요

- 저는 오후에 책을 읽을 거예요.
- 저는 오늘 일찍 잘 거예요.

- 가 이번 주말에 뭐 할 거예요?
  나 주말에 집에서 청소할 거예요.

연습 Practice

● 보기 와 같이 말해 보세요.
Say out loud following the example.

보기 오후 / 쇼핑하다

오후에 쇼핑할 거예요.

(1) 이번 주말 / 친구 집에 가다

(2) 다음 주 / 머리를 하다

(3) 내일 / 낮잠을 자다

(4) 내년 / 회사에서 일하다

일찍 early

174

활동 Activity

1 그림을 보고 보기 와 같이 이야기해 보세요.

Look at the pictures and talk with your friend following the example.

2 여러분은 이번 주말에 무엇을 할 거예요? 친구와 이야기해 보세요.

What will you do this weekend? Talk with your friend.

문법 2 Grammar 2

'ㄷ' 불규칙

> 노래를 들어요.
>
> 지금 뭐 해요?

When combined with a verb ending that begins with a vowel, some verbs that end with a final consonant ㄷ change their final consonant to ㄹ.

'ㄷ' + 아/어/으
듣다 + 어요 → 듣어요 → 들어요
걷다 + 어요 → 걷어요 → 걸어요

※ The following words do not have an irregular form.

닫다 + 아요 → 닫아요   받다 + 아요 → 받아요

· 마크는 수업을 **들어요.**   · 저는 매일 공원에서 **걸어요.**

· 가 생일에 무슨 선물을 **받았어요?**
  나 저는 생일에 지갑을 **받았어요.**

연습 Practice

● 보기 **와 같이 말해 보세요.**
  Say out loud following the example.

보기

들어요.

보기 듣다 to listen, to hear	
(1) 걷다 to walk	(2) 묻다 to ask
(3) 닫다 to close	(4) 받다 to receive, to get

수업을 듣다 to take a class

176

1 보기 **와 같이 이야기해 보세요.**

Talk with your friend following the example.

보기

 이 사람이 무엇을 해요?

 커피를 마시고 공원에서 걸어요.

☑ 공원에서 걷다   ☐ 노래를 듣다   ☐ 창문을 닫다

☐ 오후 수업을 듣다   ☐ 선물을 받다   ☐ 사진을 찍다

보기

(1)

(2)

(3)

(4)

(5)

2 **여러분은 요즘 무엇을 해요? 친구와 이야기해 보세요.**

What things do you do these days? Talk with your friend.

저는 요즘 한국 노래를 들어요.
　　　　　의 노래를 자주 들어요.

저는 요즘 많이 걸어요.
　　　　　에서 많이 걸어요.

요즘 recently, these days

대화 Conversation

● 다음 대화를 읽어 보세요.
Read the following conversation.

마크   카린 씨, 지난 주말에 뭐 했어요?

카린   경복궁에 갔어요.

마크   그래요? 거기에서 무엇을 했어요?

카린   사진을 찍었어요. 경복궁이 멋있었어요.

마크   이번 주말에는 뭐 할 거예요?

카린   이번 주말에는 집에서 쉴 거예요. 집에서 드라마를 볼 거예요.

그래요? Really? | 드라마 TV drama

1 다음 단어를 사용해서 이야기해 보세요.
Have a conversation using the following words.

보기

경복궁

사진을 찍다

경복궁이 멋있다

드라마를 보다

(1)

마트

과일을 사다

사과가 아주 맛있다

영화를 보다

(2)

미용실

머리를 하다

기분이 좋다

낮잠을 자다

(3)

식당

한국 음식을 먹다

음식이 맛있다

음악을 듣다

2 대화한 내용을 써 보세요.
Write out the content of your conversation.

가 _____

나 _____

가 _____

나 _____

가 _____

나 _____

마트 mart | 미용실 hair salon | 음악 music

읽고 말하기 Reading & Speaking

1 다음은 무엇에 대한 이야기입니까? 알맞은 답을 고르세요. (   )
What is the following sentences about? Choose the correct answer.

> 저는 이날 선물과 카드를 받아요. 케이크도 먹어요. 저는 이날을 기다려요.

① 평일   ② 방학   ③ 주말   ④ 생일

2 다음을 보고 맞는 것에 O표, 틀린 것에 X표 하세요.
Look at the following and mark a true statement with O and a false statement with X.

(1) 이 사람은 미용실에서 머리를 해요. (   )   (2) 이 사람은 아르바이트를 해요. (   )

🎤 다음을 읽고 이야기해 보세요.
Read the following and talk.

첸의 오늘 하루 7월 23일(금)	
09:00 ~ 01:00	한국어 수업
01:20 ~ 02:20	점심밥 & 산책 (카린과 같이)
03:30 ~ 09:00	아르바이트
10:00 ~	한국어 단어 공부

• 첸이 오늘 누구를 만났어요?

• 첸이 몇 시부터 몇 시까지 아르바이트를 했어요?

이날 this day | **하루** day, one day

[1-4] 첸의 하루입니다. 다음을 읽고 질문에 답하세요.
This is Chen's day. Read the following and answer the questions.

저는 오늘 아주 바빴어요. 9시부터 1시까지 한국어 수업을 들었어요. 카린과 같이 학교 식당에서 점심을 먹고 공원에서 걸었어요. 그리고 3시 30분부터 9시까지 집 근처 편의점에서 아르바이트를 했어요. 편의점에 손님이 많았어요. 저녁을 먹고 밤 11시 30분까지 한국어 단어를 외웠어요. 오늘은 많이 힘들었어요.

내일은 토요일이에요. 주말에는 집에서 하루 종일 쉴 거예요. 아침 11시까지 잠을 잘 거예요. 집에서 밥을 먹고 드라마를 볼 거예요. 낮잠을 자고 음악도 들을 거예요. 밤에는 인터넷을 하고 게임도 할 거예요.

1 맞는 것에 O표, 틀린 것에 X표 하세요.
Mark a true statement with O and a false statement with X.

(1) 오늘은 금요일이에요. ( )

(2) 첸은 오늘 카린을 만났어요. ( )

(3) 편의점은 학교 근처에 있어요. ( )

(4) 첸은 오전에 아르바이트를 했어요. ( )

2 이 글의 내용과 같은 것을 고르세요. ( )
Choose the statement that matches the content of the passage.

① 오늘 하루 종일 쉬었어요.　　　② 내일 단어를 외울 거예요.

③ 내일은 집에서 쉴 거예요.　　　④ 오늘 11시까지 잠을 잤어요.

3 첸은 내일 밤에 무엇을 할 거예요?
What will Chen do tomorrow night?

( )

4 빈칸에 알맞은 단어를 쓰세요.
Fill in the blanks with the correct words.

첸은 오늘 바빴어요. ☐☐ ☐☐ 을 듣고 ☐☐ ☐☐ 에서 점심을 먹었어요. 그리고 편의점에서 ☐☐☐☐ 를 했어요. 밤 11시 30분까지 ☐☐ 를 외웠어요. 내일은 ☐☐☐ 이에요. 집에서 ☐ ☐☐ .

손님 customer, guest | 밤 night | 힘들다 to be hard | 인터넷(을) 하다 to use the internet

🎤 **여러분은 주말에 무엇을 할 거예요?** 보기 **와 같이 이야기해 보세요.**
What will you do over the weekend? Talk with your friend following the example.

		토요일에 뭐 할 거예요?	일요일에 뭐 할 거예요?
보기	레나	장을 보고 친구를 만날 거예요.	청소를 하고 음악을 들을 거예요.

한국의 심야 영업
Open Until Late in Korea

한국에는 늦은 시간까지 이용할 수 있는 시설들이 많습니다. 늦은 밤, 분위기 있는 데이트를 즐길 수 있는 영화관, 야식을 먹을 수 있는 식당, 늦게까지 여가를 즐길 수 있는 노래방, 찜질방, 볼링장 등도 있습니다. 24시간 영업을 하는 헬스장이나 스터디 카페에서 자기 계발을 할 수도 있습니다. 이외에도 24시간 무인 가게도 늘어나고 있으니 한국에서 심야 시간을 즐겨 보시길 바랍니다.

In Korea, there are many facilities that you can use until late. Late at night, there are movie theaters where you can enjoy a date with a good atmosphere, restaurants where you can eat a late-night snack, and singing rooms, saunas, and bowling alleys, etc., where you can have a fun time until late. You can also work on improving yourself at 24-hour gyms or study cafes. In addition to these, the number of 24-hour unmanned shops is increasing, so enjoy a late night in Korea.

5-3 한 단계 오르기
Step Up!

어휘 늘리기 1 Expanding Vocabulary 1

하루 일과 Daily Schedule

일어나다
to get up

샤워를 하다
to take a shower

화장을 하다
to do one's make-up

식사를 하다
to have a meal

SNS를 하다
to use social media

1 빈칸에 알맞은 단어를 쓰세요.
Fill in the blanks with the correct words.

> 보기 매일 | 아 | 침 | 7시에 일어나요.

(1) [　　] 8시에 샤워를 하고 화장을 해요. → (2) [　] 12시 50분까지 수업을 들어요. →

1시 반에 점심 식사를 해요. → 3시 반까지 숙제를 해요. → (3) [　　] 6시에 저녁을 먹어요. →

(4) [　] 11시부터 12시까지 SNS를 해요. → (5) 보통 [　　] 1시에 잠을 자요.

2 친구와 이야기해 보세요.
Talk with your friend.

(1) 보통 몇 시에 일어나요?

(2) 보통 오후에 뭐 해요?

어휘 늘리기 2 Expanding Vocabulary2

N 시간 N hour(s)

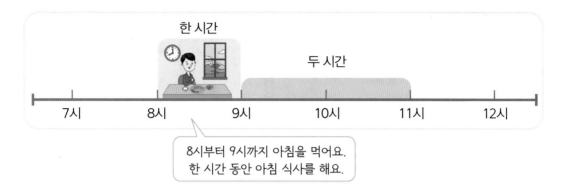

한 시간

두 시간

7시   8시   9시   10시   11시   12시

8시부터 9시까지 아침을 먹어요.
한 시간 동안 아침 식사를 해요.

● **그림을 보고** 보기 **와 같이 이야기해 보세요.**
Look at the picture and talk with your friend following the example.

보기

언제 잠을 자요?

밤 11시 30분부터 7시까지
7시간 30분 동안 잠을 자요.

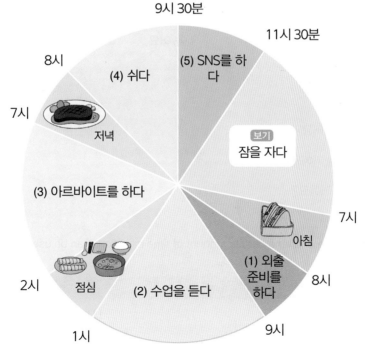

9시 30분

11시 30분

8시

(4) 쉬다

(5) SNS를 하
다

7시

저녁

보기
잠을 자다

(3) 아르바이트를 하다

7시

아침

2시

점심

(2) 수업을 듣다

(1) 외출
준비를
하다

8시

1시

9시

동안 during │ **외출** outing │ **시간** hour

문법 늘리기 1 Expanding Grammar 1

N 전에, N 후에

저는 수업 전에 아침을 먹어요.   저는 수업 후에 점심을 먹어요.

1 보기 와 같이 이야기해 보세요.
Talk with your friend following the example.

보기
외출 전에 보통 무엇을 해요?   저는 외출 전에 화장을 해요.

외출   수업   운동   시험   ?

가 [   ] 전에/후에 무엇을 해요?

나 [   ] 전에/후에 [   ] 아/어요.

2 친구와 이야기해 보세요.
Talk with your friend.

(1) 3시간 전에 뭐 했어요?

(2) 한 달 후에 뭐 할 거예요?

(3) 5년 후에 뭐 할 거예요?

N 전에, N 후에

Indicates before or after a certain amount of time or action. Can be used with the following nouns.

N 전에, N 후에			
방학 / 시험 외출 / 식사 수업 / 운동	전에 / 후에	1시간 한 달 1년	전에 / 후에

문법 늘리기 2 Expanding Grammar 2

N(으)로 ①

가 무엇으로 사진을 찍어요?
나 저는 휴대폰 카메라로 사진을
　 찍어요.

● 보기 와 같이 단어를 사용해서 이야기해 보세요.
Use the vocabulary words to talk with your friend following the example.

보기

☑ 휴대폰　　□ 컴퓨터

무엇으로 SNS를 해요?

저는 휴대폰으로 SNS를 해요.

(1) □ 텔레비전　□ 태블릿 PC

무엇으로 드라마를 봐요?

(2) □ 젓가락　　□ 포크

무엇으로 라면을 먹어요?

(3) □ 휴대폰　　□ 컴퓨터

무엇으로 게임을 해요?

(4) □ 볼펜　　□ 연필

무엇으로 이름을 써요?

카메라 camera　|　**젓가락** chopsticks　|　**포크** fork　|　**컴퓨터** computer

N(으)로 ①

Indicates the means or method of doing an action. When following nouns with a final consonant ㄹ, 로 is used.

N으로	N로
휴대폰 + **으로** → 휴대폰으로	한국어 + **로** → 한국어로
젓가락 + **으로** → 젓가락으로	연필 + **로** → 연필로

말하기 1 Speaking 1

1 그림을 보고 말해 보세요.
Look at the pictures and talk.

어제

오늘

이번 주말

(1) 여자는 어제 무엇을 했어요?

(2) 여자는 오늘 무엇을 해요?

(3) 여자는 이번 주말에 무엇을 할 거예요?

2 다음 대화를 읽고 연습해 보세요.
Read the following conversation and practice.

Track 79

> 엠마 마크 씨, 어제 시험 준비를 많이 했어요?
>
> 마크 네, 새벽 2시까지 공부했어요. 엠마 씨도 시험 준비를 많이 했어요?
>
> 엠마 네, 저도 어제 4시간 동안 공부를 했어요.
>
> 마크 한국어 공부가 정말 힘들어요.
>
> 엠마 맞아요. 마크 씨, 시험 후에 뭐 할 거예요?
>
> 마크 저는 제주도에 갈 거예요. 제주도에서 경치를 구경하고 사진도 찍을 거예요.
>
> 엠마 씨는 뭐 할 거예요?
>
> 엠마 저는 시험이 끝나고 집에서 하루 종일 게임을 할 거예요.

새벽 2시 제주도 경치를 구경하다 / 사진을 찍다 집에서 하루 종일 게임을 하다	새벽 5시 백화점 옷을 구경하다 / 옷을 사다 집에서 낮잠을 자다	밤 11시 집 영화를 보다 / 음악을 듣다 미용실에서 머리를 하다	?

제주도 Jeju Island | **경치** scenery, view

말하기 2 Speaking 2

1 다음은 주말 계획입니다. 친구와 이야기해 보세요.
The following are plans for the weekend. Talk with your friend.

토요일

일요일

태블릿 PC　　텔레비전　　휴대폰

(1) 토요일에 무엇을 할 거예요?

(2) 몇 시부터 몇 시까지 그것을 할 거예요?

(3) 일요일에 집에서 무엇을 할 거예요? 무엇으로 그것을 할 거예요?

(4) 언제 그것을 할 거예요?

2 다음과 같이 발표해 보세요.
Give a presentation following the example.

저는 토요일에는 오전 11시부터 오후 1시까지 미용실에서 머리를 할 거예요.
일요일에는 태블릿 PC로 인터넷 쇼핑을 할 거예요.
쇼핑 후에 낮잠을 잘 거예요.

쓰기 1 Writing 1

◉ 다음 그림을 보고 단어를 사용해서 문장을 쓰세요.
Look at the following pictures and use the words to write sentences.

| 오후 3시~5시 | 저녁 7시 10분
~ 8시 20분 | 밤 9시 반
~ 10시 10분 | 새벽 1시 |

저는 오후 3시부터 5시까지 아르바이트를 해요. 매일 2시간 동안 아르바이트를 해요.

_____

_____

_____

쓰기 2 Writing 2

◉ 여러분의 평일 하루 일과를 쓰세요.
Write about your daily schedule.

1 어휘를 정리해 보세요.
Review the vocabulary.

일어나다	수업을 듣다	식사를 하다	낮잠을 자다
운동을 하다	인터넷을 하다	드라마를 보다	_____

2 내용을 정리해 보세요.
Review the content.

(1) 보통 평일에 몇 시에 일어나요?   _____ 에 일어나요.

(2) 수업 전에 무엇을 해요?   수업 전에 _____ 아/어요.

(3) 수업이 끝나고 무엇을 해요?   수업이 끝나고 _____ 아/어요.

(4) 보통 하루가 어때요?   제 하루는 _____ 아/어요.

(5) 주말에는 무엇을 할 거예요?   저는 주말에는 _____ (으)ㄹ 거예요.

3 다음 문법과 표현을 사용해서 글을 써 보세요.
Write a passage using the following grammar and expressions.

☐ N시 (N분)   ☐ N부터 N까지   ☐ N 동안   ☐ N(으)로

☐ N 전에, N 후에   ☐ V-(으)ㄹ 거예요   ☐ A/V-고

저는 평일에 [   ] 에 일어나요.

_____

_____

_____

_____

_____

4 쓴 내용을 발표해 보세요.
Give a presentation of your writing.

CHAPTER

06

쇼핑

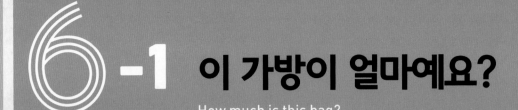

6-1 이 가방이 얼마예요?

How much is this bag?

- 여러분은 어디에서 자주 쇼핑을 해요?
  Where do you go shopping often?

- 최근에 무엇을 샀어요? 그것이 어땠어요?
  What did you buy recently? How was it?

어휘 Vocabulary

십 원	오십 원	백 원	오백 원	₩100,000 십만 원 100,000 won
10 won	50 won	100 won	500 won	
천 원	오천 원	만 원	오만 원	₩1,000,000 백만 원 1,000,000 won
1,000 won	5,000 won	10,000 won	50,000 won	₩10,000,000 천만 원 10,000,000 won

단위 명사 1 Unit Nouns 1

편의점 Convenience Store

명 person

병 bottle | 캔 can

개 things (general counter)

권 volume | 개 things | 켤레 pair

● 보기 와 같이 맞는 것에 O표, 틀린 것에 X표 해 보세요.
Mark a true statement with O and a false statement with X, following the example.

보기　물 1병이 있어요. (　○　)

(1) 편의점에 학생 1개가 있어요.　　　(　　　)

(2) 여기에 주스 몇 병이 있어요?　　　(　　　)

(3) 콜라 3캔하고 과자 2개가 있어요.　　(　　　)

(4) 양말 2권하고 연필 1켤레를 사요.　　(　　　)

콜라 cola (soda) | 과자 snacks | 양말 socks

문법 1 Grammar 1

N이/가 얼마예요?

이 가방은 28,000원이에요.

이 가방이 얼마예요?

❗ An expression used when asking a price.

질문	대답
N이/가 얼마예요?	N은/는 _____ 원이에요.
	N은/는 _____ 개에 _____ 원이에요.

• 이 우산은 12,000원이에요.

• 가 이 빵이 얼마예요?
  나 이 빵은 1개에 2,600원, 2개에 4,500원이에요.

• 사과는 3개에 3,000원이에요.

연습 Practice

🔵 보기 와 같이 말해 보세요.
Say out loud following the example.

보기   과자 / ₩1,400

이 과자는
천사백 원이에요.

(1) 맥주 / ₩4,100

(2) 책 / ₩25,000

(3) 신발 / ₩170,000

(4) 휴대폰 / ₩1,090,000

얼마 how much | 신발 shoes

196

1 그림을 보고 보기 와 같이 이야기해 보세요.
Look at the pictures and talk with your friend following the example.

보기

주스 / 빵

가 이 **주스**가 얼마예요?

나 이 **주스**는 천칠백구십 원이에요.

가 **빵**은 얼마예요?

나 **빵**은 두 개에 이천팔백 원이에요.

(1) 라면 / 콜라

(2) 휴지 / 지우개

(3) 샤프 / 공책

(4) 우유 / 삼각김밥

(5) 샴푸 / 양말

2 지금 여러분의 책상 위에 무엇이 있어요? 물건과 가격을 쓰고 친구와 이야기해 보세요.
What do you have on your desk right now? Write the items and their price and talk with your friend.

무엇이 있어요?	그것이 얼마예요?
	원
	원
	원
	원
	원

샤프 mechanical pencil | **샴푸** shampoo | **삼각김밥** triangle gimbap

문법 2 Grammar 2

V-(으)세요, V-지 마세요

9시까지 학교에 오세요.

네, 알겠습니다.

교실에서 음식을 먹지 마세요.

네, 알겠습니다.

💡 Used when ordering or requesting that another person does an action.

V-으세요	V-세요
읽다 + 으세요 → 읽으세요	가다 + 세요 → 가세요
ㄷ 듣다 + 으세요 → 들으세요	쓰다 + 세요 → 쓰세요

※ In the case of 먹다, 마시다, 잠을 자다, and 있다, a different form is used.

먹다	먹으세요 (X)	드시다	드세요 (O)
마시다	마시세요 (X)		
잠을 자다	잠을 자세요 (X)	주무시다	주무세요 (O)
있다	있으세요 (X)	계시다	계세요 (O)

· 한국어로 이야기하세요.   · 손을 자주 씻으세요.

· 가 머리가 아파요.

 나 이 약을 드세요. 그리고 일찍 주무세요.

💡 Indicates preventing the listener from doing a certain action.

V-지 마세요	
읽다 + 지 마세요 → 읽지 마세요	가다 + 지 마세요 → 가지 마세요

· 여기에서 사진을 찍지 마세요.   · 화장실에서 담배를 피우지 마세요.

연습 Practice

● 보기 와 같이 말해 보세요.

Say out loud following the example.

보기

책 / 읽다

책을 읽으세요.

(1) 이름 / 쓰다   (2) 창문 / 닫다

(3) 빵 / 먹다   (4) 한국어 수업 / 듣다

드시다 to eat (polite) | **주무시다** to sleep (polite) | **계시다** to exist (polite)
이야기(를) 하다 to speak, to talk | **담배** cigarette | **피우다** to smoke

198

1 그림을 보고 [보기] 와 같이 이야기해 보세요.
Look at the pictures and talk with your friend following the example.

[보기]

> 올가 씨 , 집에서 쉬세요.

- ☑ 집에서 쉬다
- ☐ 단어를 외우다
- ☐ 물을 마시다
- ☐ 에어컨을 켜다
- ☐ 아르바이트를 하다
- ☐ 한국어로 이름을 쓰다

[보기] 올가　(1) 레나　(2) 엠마　(3) 빈　(4) 카린　(5) 마크

2 여기는 영화관입니다. 영화를 보는 동안 무엇을 하면 안 되는지에 대해 말해 보세요.
This is a movie theater. Talk what things you can't do while watching a movie.

> 영화관 안에서
> 전화하지 마세요.

에어컨 air conditioner

대화 Conversation

● 다음 대화를 읽어 보세요.
Read the following conversation.

Track 80

마크 안녕하세요. 이 샴푸가 얼마예요?

직원 지금 할인을 해요. 1개에 7,500원이고 3개에는 16,900원이에요.

마크 그래요? 그럼 3개 주세요.

직원 네, 여기요.

마크 감사합니다. 안녕히 계세요.

직원 안녕히 가세요.

직원 staff, employee | 할인(을) 하다 to give a discount | 그럼 then, in that case | 여기요 Here, Here you are
감사합니다 Thank you | 안녕히 계세요 Goodbye ("Stay well") | 안녕히 가세요 Goodbye ("Go well")

1 다음 단어를 사용해서 이야기해 보세요.

Have a conversation using the following words.

보기

샴푸
1개 / 7,500원
3개 / 16,900원

(1)

물
1병 / 1,200원
5병 / 4,800원

(2)

붕어빵
1개 / 600원
6개 / 3,000원

(3)

공책
1권 / 1,500원
10권 / 10,000원

2 대화한 내용을 써 보세요.

Write out the content of your conversation.

가 _____

나 _____

가 _____

나 _____

가 _____

나 _____

붕어빵 bungeobbang (fish-shaped pastry)

듣고 말하기 Listening & Speaking

Track 81

● 다음을 듣고 맞는 것에 O표, 틀린 것에 X표 하세요.
Listen to the following and mark a true picture with O and a false picture with X.

(1)

(   )

(2)

(   )

(3)

(   )

(4)

(   )

듣기 2 Listening 2

🎤 다음 그림을 보고 이야기해 보세요.
Look at the following picture and talk.

• 여기가 어디예요?

• 여기에서 무엇을 팔아요? 얼마예요?

어서 오세요.

또 오세요.

어서 오세요 Welcome | **또** again | **팔다** to sell

202

[1-4] 엠마와 직원이 이야기를 합니다. 다음을 듣고 질문에 답하세요.

Emma and the employee are talking. Listen to the following and answer the questions.

Track 82

1 맞는 것에 O표, 틀린 것에 X표 하세요.

Mark a true statement with O and a false statement with X.

(1) 4층에는 모자가 없어요.　　　　　　　　　(　　　)

(2) 모자가 싸요. 그래서 인기가 많아요.　　　　(　　　)

2 엠마는 무엇을 샀어요? (　　　　)

What did Emma buy?

① 🧢 🧦　　　　　② 🧢 🧢 🧦

③ 🧢 🧦🧦🧦　　　④ 🧢 🧢 🧦🧦🧦

3 양말이 한 켤레에 얼마예요? (　　　　)

How much is 1 pair of socks?

① 4,000원

② 4,500원

③ 10,000원

④ 45,000원

4 빈칸에 알맞은 단어를 쓰세요.

Fill in the blanks with the correct words.

> 엠마가 백화점에 갔어요. ☐ 층에 모자가 없었어요. 그래서 ☐ 층에 갔어요.
>
> 거기에서 모자를 샀어요. 그리고 ☐☐ 도 샀어요.

죄송합니다 Sorry (polite speech) | 천천히 slowly | 인기 popularity | 가격 price

🎤 여러분은 어디에서 물건을 샀어요? 친구와 이야기해 보세요.
Where did you buy your things? Talk with your friend.

	보기 카린		
무엇을 샀어요?	운동화		
어디에서 샀어요?	백화점		
언제 샀어요?	3일 전		
그것이 얼마예요?	85,000원		

발음 Pronunciation

비음화 1 Nasalization 1

1 규칙을 확인해 보세요.
Check the following rules.

When followed by a syllable that begins with ㅁ, the final consonants pronounced as [ㄱ], [ㄷ], or [ㅂ] are pronounced instead as [ㅇ], [ㄴ], and [ㅁ].

[ㄱ], [ㄷ], [ㅂ]   **+**   ㅁ   **→**   [ㅇ], [ㄴ], [ㅁ]   **+**   ㅁ

2 발음을 듣고 따라 해 보세요.
Listen to the pronunciation and repeat.

Track 83

(1)

한국말	다섯 명	십만 원	앞문
[한궁말]	[다선명]	[심마뭔]	[암문]

(2)

첸 씨가 중국말로 말해요.
[중궁말로]

지갑에 이십만 원이 있어요.
[이심마눠니]

치킨 여섯 마리를 주문했어요.
[여선마리를]

주말에 친구들과 같이 박물관에 가요.
[방물과네]

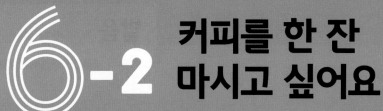

6-2 커피를 한 잔 마시고 싶어요

I want to drink a cup of coffee

- 카페에서 보통 무엇을 주문해요?
  What do you usually order at a cafe?

- 한국 음식을 좋아해요? 무슨 음식을 자주 먹어요?
  Do you like Korean food? What food do you eat often?

어휘 Vocabulary

음식 Food

메뉴

불고기 bulgogi 12,000원	김밥 gimbap 4,000원	아메리카노 americano 4,500원
삼겹살 samgyupsal 15,000원	우동 udon 5,000원	오렌지 주스 orange juice 5,000원
비빔밥 bibimbap 8,000원	떡볶이 tteokbokki 3,500원	치즈 케이크 cheese cake 7,000원

단위 명사 2 Unit Nouns 2

| 잔 glass, cup | 줄 row, roll | 조각 piece | 그릇 bowl, plate | *인분 portion |

● 보기 와 같이 알맞은 것을 골라 보세요.
Choose the correct answers following the example.

> 보기 김밥을 네 (개 / (줄))을 샀어요.

(1) 우동 한 (그릇 / 잔)을 주세요.

(2) 아메리카노 두 (그릇 / 잔)을 주세요.

(3) 삼겹살 오 (조각 / 인분)을 먹었어요.

(4) 치즈 케이크 세 (조각 / 인분)이 있어요.

메뉴 menu

V-고 싶다

커피를 한 잔 마시고 싶어요.

케이크도 먹고 싶어요.

Attaches to a verb stem to indicate something the speaker wants or hopes for. Used with first- or second-person subjects.

V-고 싶다
읽다 + 고 싶다 → 읽고 싶다
가다 + 고 싶다 → 가고 싶다

· 저는 주말에 한강에 가고 **싶어요**.　　· 저는 홍대 근처에서 신발을 사고 **싶어요**.

· 가 엠마 씨, 뭘 먹고 **싶어요**?
　나 비빔밥을 먹고 **싶어요**.

연습 Practice

● 보기 **와 같이 말해 보세요.**
Say out loud following the example.

보기 　지금 / 커피를 마시다

지금 커피를
마시고 싶어요.

(1) 주말 / 사진을 찍다

(2) 수업 후 / 노래를 듣다

(3) 내일 / 집에서 쉬다

(4) 내년 / 결혼하다

한강 Hangang River ｜ **결혼(을) 하다** to get married

활동 Activity

1 그림을 보고 이야기해 보세요.
Look at the pictures and talk.

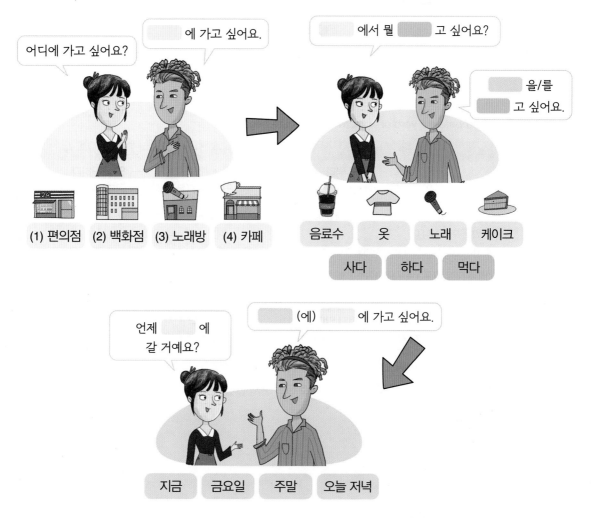

어디에 가고 싶어요?

_____에 가고 싶어요.

_____에서 뭘 _____고 싶어요?

_____을/를 _____고 싶어요.

(1) 편의점　(2) 백화점　(3) 노래방　(4) 카페

음료수　옷　노래　케이크

사다　하다　먹다

언제 _____에 갈 거예요?

_____(에) _____에 가고 싶어요.

지금　금요일　주말　오늘 저녁

2 한국에서 하고 싶은 일을 쓰고 친구와 이야기해 보세요.
Write down what you want to do in Korea and talk with your friend.

☐ 부산에 가고 싶어요.

☐ 춤을 배우고 싶어요.

☐

☐

OO 씨, 한국에서 무엇을 하고 싶어요?

저는 _____고 싶어요.

음료수 beverage

문법 2 Grammar 2

안 A/V   A/V-지 않다

> 아니요, 저는 맥주를 안 마셔요.
> 콜라를 마시고 싶어요.

> 맥주를 마실 거예요?

Used before a verb or adjective to indicate negation.

안 A/V	
안 + 먹다 → 안 먹다	안 + 깨끗하다 → 안 깨끗하다
안 + 싸다 → 안 싸다	안 + 공부(를) 하다 → 공부(를) 안 하다

※ In the case of N을/를 + 하다, 안 is placed before 하다 and is written N을/를 안 하다.
  안 공부를 하다 (X)
※ The 있다 in 맛있다 and 재미있다 changes to the negative 없다 to become 맛없다 and 재미없다.

Attaches to a verb or adjective stem to indicate negation.

A/V-지 않다	
먹다 + 지 않다 → 먹지 않다	깨끗하다 + 지 않다 → 깨끗하지 않다
싸다 + 지 않다 → 싸지 않다	공부(를) 하다 + 지 않다 → 공부(를) 하지 않다

• 이 신발이 **안** 비싸요.　＝　이 신발이 비싸**지 않아요**.
• 첸은 숙제를 **안** 했어요.　＝　첸은 숙제를 하**지 않았어요**.
• 가 영화가 재미있어요?
  나 아니요, 재미**없어요**.

연습 Practice

● 보기 와 같이 말해 보세요.
Say out loud following the example.

보기
> 지금 / 커피를 마시다
>
> 지금 커피를
> 안 마셔요.

(1) 평일 / 아르바이트를 하다

(2) 지금 / 피곤하다

(3) 어제 / 아프다

(4) 내일 / 학교에 가다

1 그림을 보고 보기 와 같이 이야기해 보세요.
Look at the pictures and talk with your friend following the example.

보기

빈 씨가 영화를 봐요?

아니요, 빈 씨는 영화를 안 봐요.
책을 읽어요.

☑ 영화를 보다　☐ 일어나다　☐ 공부를 하다　☐ 가방이 크다　☐ 신발이 많다

보기 빈　(1) 첸　(2) 레나　(3) 파티마　(4) 엠마

2 여러분이 하지 않는 것을 쓰고 말해 보세요.
Write about the things you don't do and talk.

Checklist

☐ 저는 돼지고기를 먹지 않아요.

☐ 저는 매일 운동을 하지 않아요.

☐

☐

돼지고기 | pork

● **다음 대화를 읽어 보세요.**
Read the following conversation.

Track 84

마크   카린 씨, 점심을 먹었어요?

카린   아니요, 안 먹었어요. 그래서 배가 고파요.

마크   무슨 음식을 먹고 싶어요?

카린   불고기를 먹고 싶어요. 불고기는 맵지 않아요.

마크   그래요? 그럼 이 식당을 알아요? 이 식당은 불고기가 유명해요.

카린   불고기가 얼마예요?

마크   1인분에 12,000원이에요.

맵다 to be spicy | **유명하다** to be famous

1 다음 단어를 사용해서 이야기해 보세요.
Have a conversation using the following words.

보기

| 불고기 |
| 맵다 |
| 1인분 |
| 12,000원 |

(1)

| 김밥 |
| 짜다 |
| 1줄 |
| 4,000원 |

(2)

| 우동 |
| 맵다 |
| 1그릇 |
| 5,000원 |

(3)

| 떡볶이 |
| 비싸다 |
| 1인분 |
| 7,500원 |

2 대화한 내용을 써 보세요.
Write out the content of your conversation.

가 _____

나 _____

가 _____

나 _____

가 _____

나 _____

가 _____

짜다 to be salty

읽고 말하기 Reading & Speaking

읽기 1 Reading 1

1 다음은 무엇에 대한 이야기입니까? 알맞은 답을 고르세요. (　　　)
What is the following sentences about? Choose the correct answer.

> 커피가 한 잔에 3,500원이에요. 커피가 비싸지 않아요.

① 음식　　　　　② 할인　　　　　③ 가격　　　　　④ 쇼핑

2 다음을 보고 맞는 것에 O표, 틀린 것에 X표 하세요.
Look at the following and mark a true statement with O and a false statement with X.

> 사장님, 여기 떡볶이 2인분 주세요.
> 그리고 김밥도 하나 주세요.

> 네, 잠깐만 기다리세요.

(1) 이 사람이 식당에 있어요.　　　(　　　)

(2) 김밥을 두 줄 먹을 거예요.　　　(　　　)

읽기 2 Reading 2

🎤 다음 안내문을 보고 이야기해 보세요.
Look at the following announcement and talk.

봉봉 식당 이벤트
10월 7일에 문을 열어요!

메뉴	
비빔밥	7,000원
김치 우동	6,500원
떡볶이	4,000원

- 봉봉 식당은 언제 문을 열어요?
- 식당에 메뉴가 몇 개 있어요?
- 비빔밥이 얼마예요?

사장님 boss, owner ｜ **잠깐만** one moment ｜ **김치** kimchi ｜ **이벤트** event ｜ **문을 열다** to open, to start up

[1-4] 카린의 일기입니다. 다음을 읽고 질문에 답하세요.

This is Karin's diary. Read the following and answer the questions.

> **10월 7일 금요일**
>
> 오늘 봉봉 식당이 처음 문을 열었어요. 그 식당은 학교 앞에 있어요. 수업이 끝나고 레나 씨하고 같이 식당에 갔어요.
>
> 저는 한국 음식을 좋아해요. 특히 김밥을 좋아해요. 김밥은 싸고 맛있어요. 하지만 봉봉 식당에는 김밥이 없었어요. 그래서 우리는 비빔밥과 김치 우동을 주문했어요. 음식이 맛있고 가격도 별로 비싸지 않았어요. 사장님도 아주 친절했어요. 다음에는 떡볶이를 먹고 싶어요.
>
> 봉봉 식당 옆에 카페가 있어요. 우리는 그 카페에서 자주 커피를 마시고 숙제를 해요. 오늘도 카페에 갔어요. 아메리카노 두 잔하고 치즈 케이크 한 조각을 주문했어요. 거기에서 1시간쯤 숙제를 하고 집에 왔어요.

1 맞는 것에 O표, 틀린 것에 X표 하세요.

Mark a true statement with O and a false statement with X.

(1) 봉봉 식당은 어제 처음 문을 열었어요. (　　　)　　(2) 봉봉 식당은 학교 근처에 있어요. (　　　)

(3) 봉봉 식당에서 김밥을 안 팔아요. (　　　)　　(4) 봉봉 식당의 음식은 맛있어요. 하지만 비싸요. (　　　)

2 카린은 카페에서 무엇을 주문했어요?　　(　　　　　　　　　　　　　　　　　　)

What did Karin order at the cafe?

3 이 글의 내용과 같은 것을 고르세요. (　　　　　)

Choose the statement that matches the content of the passage.

① 카린은 혼자 식당에 갔어요.　　　　　　② 카린은 떡볶이를 주문했어요

③ 카린은 카페에서 커피를 마시지 않았어요.　　④ 카린은 카페에서 친구하고 같이 숙제를 했어요.

4 빈칸에 알맞은 단어를 쓰세요.

Fill in the blanks with the correct words.

> 오늘 친구하고 같이 점심을 먹었어요. 우리는 비빔밥과 김치 우동을 ☐☐☐☐☐.
>
> 봉봉 식당은 음식 가격이 ☐ 비쌌어요. 그리고 사장님도 ☐☐☐☐☐.
>
> 점심을 먹고 ☐☐ 에 갔어요. 거기에서 아메리카노 ☐ ☐ 하고 치즈 케이크
>
> ☐ ☐ 을 주문했어요. 그리고 ☐ ☐ 를 하고 집에 갔어요.

처음 first | **특히** especially | **하지만** but, however | **별로** not really | **다음** next | **주문(을) 하다** to order | **쯤** about

🎤 **여러분이 자주 가는 식당이나 카페에 대해 보기 와 같이 이야기해 보세요.**
Talk about the restaurants and cafes you go to often following the example.

	보기 카린		
어디(식당 / 카페)에 자주 가요?	학생 식당		
그 식당이(카페가) 어디에 있어요?	학교 안		
거기에서 무엇을 자주 먹어요?	순두부찌개		
거기가 어때요?	싸고 맛있어요.		
오늘은 무엇을 먹고 싶어요?	비빔밥		

문화
Culture

한국의 식당
Korea's Restaurants

　한국의 식당에는 흥미로운 것들이 많이 있습니다. 먼저, 주문할 때는 테이블에 있는 '벨'을 눌러서 직원을 부를 수 있습니다. 그리고 테이블 서랍을 열면 그 안에 수저와 휴지가 들어 있어 편리하게 사용할 수 있습니다. 식사를 하다가 반찬을 더 먹고 싶을 때는 직원에게 요청하거나 '셀프 코너'를 이용하면 됩니다. 여러분 나라의 식당은 어떤가요?

　There are many interesting things in Korean restaurants. First, when ordering, you can push a bell at the table to call over an employee. And if you open the drawer on the table, there are spoons and napkins inside for your convenient use. If you're eating and want to have more side dishes, you can request some from the staff or use the "self-serve corner." What are restaurants like in your country?

벨
bell

추가 반찬과 국은
셀프입니다.
드실만큼만 담아주세요 ☺

셀프 안내판
self-serve information sign

수저통
utensil holder

6-3 한 단계 오르기
Step Up!

어휘 늘리기 1 Expanding Vocabulary 1

단위 명사 3 Unit Nouns 3

한 송이	한 다발	한 장
1 bunch, 1 flower	1 bunch, 1 bouquet	1 sheet

한 벌	한 마리	다섯 살
1 pair	1 animal	5 years old

● **빈칸에 알맞은 단어를 쓰세요.**
Fill in the blanks with the correct words.

벌	장	다발	마리	살

(1) 가 영화표가 얼마예요?　　나 영화표는 한 ☐ 에 15,000원이에요.

(2) 가 어제 백화점에서 무엇을 샀어요?　　나 백화점에서 티셔츠 두 ☐ 을/를 샀어요.

(3) 가 고향 집에 강아지가 있어요?　　나 네, 강아지 세 ☐☐ 이/가 있어요.

(4) 가 생일에 무슨 선물을 받았어요?　　나 생일에 장미 한 ☐☐ 을/를 받았어요.

(5) 가 카린 씨, 동생이 몇 살이에요?　　나 제 동생은 열 다섯 ☐ 이에요/예요.

표 ticket ┃ 티셔츠 T-shirt ┃ 강아지 puppy

10	20	30	40	50	60	70	80	90	100
열	스물	서른	마흔	쉰	예순	일흔	여든	아흔	백

저는 스물세 살이에요. 카린 씨, 몇 살이에요?

저는 스무 살이에요.

1 **친구와 이야기해 보세요.**
Talk with your friend.

(1) 몇 살이에요?

(2) 몇 살에 처음 한국에 왔어요?

어휘 늘리기 2 Expanding Vocabulary 2

한국 음식 Korean Food

삼계탕
samgyetang

냉면
naengmyeon

김치볶음밥
kimchi fried rice

된장찌개
doenjang stew

순두부찌개
soondubu stew

김치찌개
kimchi stew

2 **친구와 이야기해 보세요.**
Talk with your friend.

(1) 무슨 한국 음식을 좋아해요?

(2) 한국에서 무슨 음식을 먹었어요?

(3) 오늘 점심에 무엇을 먹고 싶어요?

문법 늘리기 1 Expanding Grammar 1

V -고 싶어 하다

저는 한강에서 자전거를 타고 싶어요.
빈은 한강에서 치킨을 먹고 싶어 해요.

1 그림을 보고 보기 와 같이 이야기해 보세요.
Look at the pictures and talk with your friend following the example.

보기

마크 씨가 주말에 뭘 하고 싶어 해요?

마크 씨는 영화를 보고 싶어 해요.

마크

(1) 친구

(2) 파티마

(3) 동생

2 친구와 이야기하고 발표해 보세요.
Talk with your friend and give a presentation.

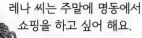

레나 씨는 주말에 명동에서 쇼핑을 하고 싶어 해요.

이번 주말에 뭐 하고 싶어요?	
레나	명동에서 쇼핑하고 싶어요.

치킨 fried chicken

V -고 싶어 하다

Attaches to a verb stem to express what the speaker wants or wishes for. -고 싶어 하다 is
used with third-person subjects.

문법 늘리기 2 Expanding Grammar 2

N만

저는 라면과 김밥을 먹었어요.   제 친구는 김밥만 먹었어요.

1 보기 와 같이 이야기해 보세요.
Talk with your friend following the example.

보기

커피를 마셨어요?

케이크도 먹었어요?

네, 마셨어요.

아니요, 커피만 마셨어요.

보기 커피 / 케이크　　　(1) 티셔츠 / 모자　　　(2) 삼겹살 / 냉면　　　(3) 책 / 숙제

2 다음을 보고 보기 와 같이 이야기해 보세요.
Look at the following and talk with your friend following the example.

○	X
평일	주말
식당	카페
학교	집
홍대	명동

보기 가 주말에도 학교에 가요?
　　 나 아니요, 평일에만 학교에 가요.

(1) 어제 카페에도 갔어요?

(2) 집에서도 공부해요?

(3) 명동에서도 쇼핑할 거예요?

N만

Indicates that one thing alone is chosen to the exclusion of all others. Depending on the noun, it is also used in the forms N에서만 and N에만.

말하기 1 Speaking 1

1 그림을 보고 말해 보세요.
Look at the pictures and discuss.

메뉴	
순두부찌개	8,000원
된장찌개	7,000원
김치찌개	7,500원
비빔밥	9,000원
냉면	7,500원

(1) 이 식당에 무슨 음식이 있어요?

(2) 무슨 음식을 주문했어요?

(3) 음식이 모두 얼마예요?

2 다음 대화를 읽고 연습해 보세요.
Read the following conversation and practice.

Track 85

엠마	서준 씨, 이 식당은 무슨 음식이 유명해요?
서준	냉면하고 순두부찌개가 유명해요. 순두부찌개가 맵지 않아요.
엠마	오늘은 순두부찌개만 먹고 싶어요.
서준	좋아요. 여기요! 순두부찌개 2인분 주세요.

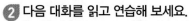

서준	순두부찌개가 어때요?
엠마	맛있어요.
서준	어? 김치가 없어요. 여기요. 김치 좀 더 주세요.

엠마	음식이 모두 얼마예요?
서준	순두부찌개는 2인분에 16,000원이에요.
엠마	맛있었어요. 다음에 또 오고 싶어요.

순두부찌개 맵다 김치 16,000원	김치찌개 짜다 밥 15,000원	된장찌개 비싸다 물 14,000원	

모두 all, everything, everyone | **여기요** Excuse me | **좀** please | **더** more

222

말하기 2 Speaking 2

1 다음은 서울의 시장입니다. 이 시장에서 무엇이 유명한지 검색하고 친구와 이야기해 보세요.
The following are markets in Seoul. Look up what is famous at these markets and talk with your friend.

(1) 어느 시장에 갈 거예요?

(2) 누구하고 같이 가고 싶어요?

(3) 시장에서 무엇을 하고 싶어요?

　　□ 시장을 구경하다　　　　　□

(4) 시장에서 무엇을 사고 싶어요?

　　□ 옷　　　　□ 화장품　　□ 과일　　　　□

(5) 시장에서 무슨 음식을 먹고 싶어요?

　　□ 떡볶이　　　　　□

2 다음과 같이 발표해 보세요.
Give a presentation following the example.

> 저는 레나 씨하고 같이 광장 시장에 갈 거예요.
> 레나 씨는 거기에서 시장을 구경하고 싶어 해요.
> 그리고 사진도 찍고 싶어 해요.
> 광장 시장에서 떡볶이도 먹고 싶어 해요.

광장 시장 Gwangjang Market ｜ 망원 시장 Mangwon Market ｜ 시장 market

쓰기 1 Writing 1

● 다음 단어를 사용해서 문장을 쓰세요.
Write sentences using the following words.

경복궁, 공연, 한복, 떡볶이

제주도, 노래방,
댄스 수업, 치킨

저는 한국에서 경복궁에 가고 싶어요.
_____

카린 씨는 제주도에 가고 싶어 해요.
_____

_____

쓰기 2 Writing 2

● 주말에 어디에 가서 무엇을 샀는지 쓰세요.
Write about where you went and what you did the past weekend.

1 어휘를 정리해 보세요.
Review the vocabulary.

마트	편의점	시장	백화점	_____
샴푸	우유	과일	모자	_____

2 내용을 정리해 보세요.
Review the content.

(1) 주말에 어디에 갔어요?　　　　주말에 ＿＿＿＿＿＿에 갔어요.

(2) 거기는 어디에 있어요?　　　　그 ＿＿＿＿＿＿은/는 ＿＿＿＿＿＿에 있어요.

(3) 거기에서 무엇을 샀어요?　　　＿＿＿＿＿＿에서 ＿＿＿＿＿＿을/를 ＿＿＿＿＿＿ 개
　　　　　　　　　　　　　　　　(켤레, 병…) 샀어요.

(4) 그것이 얼마예요?　　　　　　한 개(켤레, 병…)에 ＿＿＿＿＿＿ 원이에요.

(5) 다음에는 무엇을 사고 싶어요?　다음에는 ＿＿＿＿＿＿을/를 사고 싶어요.

3 다음 문법과 표현을 사용해서 글을 써 보세요.
Write a passage using the following grammar and expressions.

☐ N과/와　　　　☐ N만　　　　☐ N이/가 N에 있다/없다　　☐ A/V-고
☐ V-고 싶다, V-고 싶어 하다　　☐ A/V-았/었어요　　☐ 안 A/V　A/V-지 않다

저는 ［　　　　　　］에 마트에 갔어요.

＿＿＿＿＿＿＿＿＿＿＿＿＿＿＿＿＿＿＿＿＿＿＿＿＿＿＿＿＿＿＿＿＿

＿＿＿＿＿＿＿＿＿＿＿＿＿＿＿＿＿＿＿＿＿＿＿＿＿＿＿＿＿＿＿＿＿

＿＿＿＿＿＿＿＿＿＿＿＿＿＿＿＿＿＿＿＿＿＿＿＿＿＿＿＿＿＿＿＿＿

＿＿＿＿＿＿＿＿＿＿＿＿＿＿＿＿＿＿＿＿＿＿＿＿＿＿＿＿＿＿＿＿＿

＿＿＿＿＿＿＿＿＿＿＿＿＿＿＿＿＿＿＿＿＿＿＿＿＿＿＿＿＿＿＿＿＿

4 쓴 내용을 발표해 보세요.
Give a presentation of your writing.

부록 Appendix

CHAPTER 1

한글 Hangeul

1-1 한글 1 Hangeul 1

모음 1 Vowel 1

3. (1) 오 (2) 으 (3) 어
(4) 애 (5) 이 (6) 우

4. (1) 이 (2) 오 (3) 아이
(4) 오이 (5) 에이 (6) 우애

자음 1 Consonant 1

3. (1) 도 (2) 리 (3) 개 (4) 누
4. (1) ㄴㄹ (2) ㄴㄹ (3) ㄱㄹㄱ
(4) ㄱ (5) ㄱㄴㄹ

3. (1) 소 (2) 미 (3) 즈 (4) 부

4. (1) ㅅㅅ (2) ㅇㅁㄴ (3) ㅂㄹ
(4) ㅈㅇㄱ (5) ㄱㅅ (6) ㅅㄴㄱ

마무리 Wrap-Up

1. (1) ① (2) ② (3) ③
(4) ① (5) ② (6) ①

2. (1) 구두 (2) 비누
(3) 노래 (4) 무지개

3. (1) ① (2) ② (3) ② (4) ①
(5) ① (6) ② (7) ① (8) ②

4. 매미 – 미소 – 소나기 – 기자 – 자두 – 두부 –
부사 – 사무

5. (1) 비 (2) 우주 (3) 누나
(4) 드라마 (5) 구두 (6) 지도
(7) 거미 (8) 소리

1-2 한글 2 Hangeul 2

자음 2 Consonant 2

3. (1) 코 (2) 피 (3) 츠 (4) 해

4. (1) ㅌㅁㅌ (2) ㅊㅈ (3) ㅋㅁㄹ
(4) 호두 (5) 아메리카노

자음 3 Consonant 3

3. (1) 뽀 (2) 쎄 (3) 찌 (4) 뚜

4. (1) ㄱㅃㄷ (2) ㅉㄹㄹㄱ (3) ㅋㄲㄹ
(4) 아저씨 (5) 따라하다

모음 2 Vowel 2

2. (1) 야구, 샤프 (2) 여우, 벼
(3) 요리, 우표 (4) 우유, 뉴스
(5) 얘기 (6) 예시, 시계

3. (1) X (2) O (3) X (4) O
(5) X (6) O (7) X (8) X
(9) O

마무리 Wrap-Up

1. (1) ① (2) ① (3) ② (4) ②
(5) ① (6) ② (7) ① (8) ②

3. (1) ㅍ　　　(2) ㅎ　　　(3) ㅌ　　　(4) ㅃ ㅃ
　　(5) ㅉ　　　(6) ㄲ

4. (1) 타워　　(2) 바퀴　　(3) 해외　　(4) 치료
　　(5) 기와　　(6) 계주　　(7) 뷔페　　(8) 메뉴

5. (1) 혀　　　(2) 오빠　　(3) 투표　　(4) 캐나다
　　(5) 피자　　(6) 의자　　(7) 야외　　(8) 셔츠

1-3 한글 3 Hangeul 3

받침 1 Final Consonant 1

2. (1) ②　　(2) ①　　(3) ①　　(4) ①
　　(5) ①　　(6) ②

3. (1) ㅁ　　(2) ㄹ　　(3) ㄴ　　(4) ㅇ
　　(5) ㅇ ㅇ

4. (1) 별　　(2) 문　　(3) 봄　　(4) 방
　　(5) 언니　(6) 가을　(7) 김치　(8) 냉장고

받침 2 Final Consonant 2

2. (1) 밑　　(2) 낮　　(3) 책

3. (1) ①　　(2) ③　　(3) ②　　(4) ①
　　(5) ②　　(6) ③

4. (1) ㄱ　　(2) ㅂ　　(3) ㅊ　　(4) ㅂ
　　(5) ㄱ ㄱ

5. (1) 밖　　(2) 맛　　(3) 숯　　(4) 지각
　　(5) 접시　(6) 이것

마무리 Wrap-Up

1. (1) ①　　(2) ①　　(3) ①　　(4) ②
　　(5) ②　　(6) ①　　(7) ②　　(8) ①

2. (1) 눈, 천, 언니, 돈
　　(2) 달, 실, 일, 가을, 별

(3) 담, 섬, 김치
(4) 콩, 강, 공항, 냉장고
(5) 국, 책, 부엌, 떡볶이
(6) 밑, 낮, 듣다, 옷, 있다, 히읗
(7) 앞, 숲, 덮밥, 피읖

3. (1) 한국　　(2) 미국　　(3) 브라질
　　(4) 프랑스　(5) 중국　　(6) 베트남
　　(7) 일본　　(8) 호주

CHAPTER 2

소개 Introduction

2-1 저는 첸이에요 I'm Chen

어휘 Vocabulary

1. (1) 일본 사람　　　(2) 중국 사람
　　(3) 미국 사람　　　(4) 프랑스 사람
　　(5) 베트남 사람

2.

모	여	마	크	회
델	학	요	리	사
선	생	님	에	원
물	디	자	이	너
간	호	사	터	키

문법 1 Grammar 1

연습 Practice

- (1) 예요 　　(2) 이에요
  (3) 예요 　　(4) 예요

활동 Activity

1. (1) 이름이 뭐예요?
   저는 빈이에요.
   베트남 사람이에요?
   네, 저는 베트남 사람이에요.
   (2) 이름이 뭐예요?
   저는 엠마예요.
   미국 사람이에요?
   네, 저는 미국 사람이에요.
   (3) 이름이 뭐예요?
   저는 마크예요.
   프랑스 사람이에요?
   네, 저는 프랑스 사람이에요.
   (4) 이름이 뭐예요?
   저는 박서준이에요.
   한국 사람이에요?
   네, 저는 한국 사람이에요.

문법 2 Grammar 2

연습 Practice

- (1) 는 　　(2) 은
  (3) 는 　　(4) 은

활동 Activity

1. (1) 빈은 베트남 사람이에요.
   빈은 크리에이터예요.
   (2) 마크는 프랑스 사람이에요.
   마크는 모델이에요.
   (3) 첸은 중국 사람이에요.
   첸은 유학생이에요.

(4) 카린은 일본 사람이에요.
　　카린은 간호사예요.

듣고 말하기 Listening and Speaking

듣기 1 Listening 1

1. (1) 어느 　　(2) 저 　　(3) 요리사
   (4) 유학생 　(5) 아니요

듣기 2 Listening 2

1. (1) ○ 　　　　　　　(2) ✕

2. (1) Ⓐ, Ⓓ 　　　　　(2) Ⓑ, Ⓒ

3. 선생님, 베트남, 크리에이터

2-2 이것이 무엇이에요? What is this?

문법 1 Grammar 1

연습 Practice

- (1) 이 여권은 　　　　(2) 그 주스는
  (3) 저 꽃은

활동 Activity

1. (1) 그것은 주스예요. 그 주스는 오렌지 주스예요.
   (2) 이것은 커피예요. 이 커피는 아메리카노예요.
   (3) 저것은 꽃이에요. 저 꽃은 장미예요.
   (4) 이것은 여권이에요. 이 여권은 한국 여권이에요.

문법 2 Grammar 2

연습 Practice

- (1) 이 　　(2) 가
  (3) 가 　　(4) 이

1. (1) 그것이 무엇이에요?
　　　이것은 휴대폰이에요.
　　(2) 그것이 무엇이에요?
　　　이것은 주스예요.
　　(3) 그것이 무엇이에요?
　　　이것은 공책이에요.
　　(4) 그것이 무엇이에요?
　　　이것은 지갑이에요.
　　(5) 그것이 무엇이에요?
　　　이것은 태블릿 PC예요.

2. (1) 저 사람이 누구예요?
　　　저 사람은 빈이에요.
　　　빈은 어느 나라 사람이에요?
　　　빈은 베트남 사람이에요.
　　(2) 저 사람이 누구예요?
　　　저 사람은 마크예요.
　　　마크는 어느 나라 사람이에요?
　　　마크는 프랑스 사람이에요.
　　(3) 저 사람이 누구예요?
　　　저 사람은 엠마예요.
　　　엠마는 어느 나라 사람이에요?
　　　엠마는 미국 사람이에요.
　　(4) 저 사람이 누구예요?
　　　저 사람은 파티마예요.
　　　파티마는 어느 나라 사람이에요?
　　　파티마는 이집트 사람이에요.

읽고 말하기 Reading and Speaking

읽기 1 Reading 1

1. (1) Ⓐ　　　(2) Ⓑ　　　(3) Ⓐ

2. (1) 아니요　(2) 아니요　(3) 네

읽기 2 Reading 2

1. (1) X　　　(2) X　　　(3) O

2. 이것은 꽃이에요. 이 꽃은 장미예요.

3 커피, 카페라테, 주스, 사과 주스, 책, 영어 책

2-3 한 단계 오르기 Step Up!

어휘 늘리기 1 Expanding Vocabulary 1

1. (1) 누구　　(2) 누가　　(3) 누가

2. (1) 그게　　(2) 이건

어휘 늘리기 2 Expanding Vocabulary 2

1. (1) 이건 안경이에요.
　　(2) 이건 화장품이에요.
　　(3) 이건 모자예요.
　　(4) 이건 사진이에요.
　　(5) 이건 우산이에요.
　　(6) 이건 탁자예요.
　　(7) 이건 휴지예요.
　　(8) 이건 빵이에요.
　　(9) 이건 지우개예요.
　　(10) 이건 우유예요.

문법 늘리기 1 Expanding Grammar 1

1. (1) 저 사람은 빈이에요. 빈은 우리 반 친구예요.
　　　저것은 빈의 모자예요.
　　　저것은 빈의 여권이에요.
　　(2) 저 사람은 파티마예요. 파티마는 우리 반
　　　친구예요.
　　　저것은 파티마의 태블릿PC예요.
　　　저것은 파티마의 화장품이에요.

문법 늘리기 2 Expanding Grammar 2

● (1) 그게 커피 우유예요?
　　아니요, 커피 우유가 아니에요. 이건 바나나
　　우유예요.
　(2) 그게 미국 여권이에요?
　　아니요, 미국 여권이 아니에요. 이건 한국 여권이
　　에요.

(3) 그게 빈의 우산이에요?
   아니요, 빈의 우산이 아니에요. 이건 엠마의
   우산이에요.

(4) 그게 레나의 화장품이에요?
   아니요, 레나의 화장품이 아니에요. 이건 카린의
   화장품이에요.

CHAPTER 3

장소 Place

3-1 학교에서 한국어를 배워요
I learn Korean at school

문법 1 Grammar 1

연습 Practice

● (1) 커피를 사요.
  (2) 공부를 해요.
  (3) 밥을 먹어요.
  (4) 문을 닫아요.

활동 Activity

1. (1) 무엇을 해요?
     주스를 사요.
  (2) 무엇을 해요?
     한국어를 배워요.
  (3) 무엇을 해요?
     커피를 마셔요.
  (4) 무엇을 해요?
     라면을 먹어요.

문법 2 Grammar 2

연습 Practice

● (1) 카페에서 커피를 마셔요.
  (2) 식당에서 밥을 먹어요.
  (3) 명동에서 친구를 만나요.
  (4) 회사에서 일을 해요.

활동 Activity

1. (1) 여기가 어디예요?
     카페예요.
     카페에서 무엇을 해요?
     커피를 사요.
  (2) 여기가 어디예요?
     교실이에요.
     교실에서 무엇을 해요?
     한국어를 배워요.
  (3) 여기가 어디예요?
     도서관이에요.
     도서관에서 무엇을 해요?
     책을 읽어요.
  (4) 여기가 어디예요?
     학생 식당이에요.
     학생 식당에서 무엇을 해요?
     밥을 먹어요

듣고 말하기 Listening and Speaking

듣기 1 Listening 1

1. (1) Ⓓ   (2) Ⓑ   (3) Ⓐ   (4) Ⓒ

2. (1) X   (2) O   (3) X   (4) O

듣기 2 Listening 2

1. ①

2. 도서관에서 공부를 해요.

3. (1) ○   (2) X

4. 밥을, 먹어요, 카페, 공부해요

3-2 홍대에 가요 I'm going to Hongdae

어휘 Vocabulary

1. (1) 오   (2) 이십
   (3) 공일공 이삼사오 육칠팔구

2. (1) 아래   (2) 안   (3) 옆

문법 1 Grammar 1

연습 Practice

● (1) 이 없어요
  (2) 가 있어요
  (3) 이 있어요
  (4) 가 없어요

활동 Activity

1. (1) 휴대폰이 어디에 있어요?
    탁자 위에 있어요.
  (2) 모자가 어디에 있어요?
    탁자 아래에 있어요.
  (3) 가방이 어디에 있어요?
    탁자 옆에 있어요.
  (4) 지갑이 어디에 있어요?
    가방 안에 있어요.
  (5) 고양이가 어디에 있어요?
    소파 위에 있어요.

2. (1) 첸 씨가 지금 어디에 있어요?
    학교에 있어요.
    학교가 어디에 있어요?
    영화관 뒤에 있어요.

  (2) 마크 씨가 지금 어디에 있어요?
    영화관에 있어요.
    영화관이 어디에 있어요?
    카페 위에 있어요. / 편의점 위에 있어요.
  (3) 엠마 씨가 지금 어디에 있어요?
    학생 식당에 있어요.
    학생 식당이 어디에 있어요?
    도서관 옆에 있어요.
  (4) 파티마 씨가 지금 어디에 있어요?
    회사에 있어요.
    회사가 어디에 있어요?
    공원 옆에 있어요.

문법 2 Grammar 2

연습 Practice

● (1) 집에 가요.
  (2) 사무실에 가요.
  (3) 은행에 가요.
  (4) 편의점에 가요.

활동 Activity

1. (1) 카린 씨, 어디에 자주 가요?
    저는 공원에 자주 가요.
    공원에서 보통 뭐 해요?
    공원에서 산책을 해요.
  (2) 마크 씨, 어디에 자주 가요?
    저는 영화관에 자주 가요.
    영화관에서 보통 뭐 해요?
    영화관에서 영화를 봐요.
  (3) 파티마 씨, 어디에 자주 가요?
    저는 학생 식당에 자주 가요.
    학생 식당에서 보통 뭐 해요?
    학생 식당에서 밥을 먹어요.
  (4) 엠마 씨, 어디에 자주 가요?
    저는 도서관에 자주 가요.
    도서관에서 보통 뭐 해요?
    도서관에서 책을 읽어요.

읽고 말하기 Reading and Speaking

읽기 1 Reading 1

1. ②

2. (1) 있어요　　　　(2) 없어요
　　(3) 위　　　　　　(4) 옆

읽기 2 Reading 2

1. (1) ○　　　　　　(2) ○

2. ④

3. 명동, 구경해요, 사요, 공원, 산책해요, 안, 마셔요

3-3 한단계 오르기 Step Up!

어휘 늘리기 1 Expanding Vocabulary 1

1. 가르쳐요, 만나요, 기다려요, 닫아요,열어요,
　　쉬어요, 자요, 사요, 찾아요

2. (1) 집　　　　　　(2) 약국
　　(3) 기다려요　　　(4) 닫아요/열어요
　　(5) 가르쳐요

어휘 늘리기 2 Expanding Vocabulary 2

● (1) 은행이 어디에 있어요?
　　서점 건너편에 있어요.
　　카페는 어디에 있어요?
　　카페는 영화관 오른쪽에 있어요.
　　공원이 어디에 있어요?
　　백화점 왼쪽에 있어요.
　　서점은 어디에 있어요?
　　서점은 백화점 건너편에 있어요.

(2) 볼펜이 어디에 있어요?
　　책 왼쪽에 있어요.
　　시계는 어디에 있어요?
　　물 왼쪽에 있어요.
　　꽃이 어디에 있어요?
　　물 오른쪽에 있어요.
　　휴대폰은 어디에 있어요?
　　컴퓨터 왼쪽에 있어요.

문법 늘리기 1 Expanding Grammar 1

1. (1) 커피와 주스가
　　(2) 카린과 마크가
　　(3) 도서관과 식당이

2. 침대 위에 무엇이 있어요?
　　침대 위에 지갑과 시계가 있어요.
　　책상 아래에 무엇이 있어요?
　　책상 아래에 고양이와 가방이 있어요.
　　탁자 위에 무엇이 있어요?
　　탁자 위에 컵과 휴대폰이 있어요.
　　옷장 안에 무엇이 있어요?
　　옷장 안에 옷과 모자가 있어요.

문법 늘리기 2 Expanding Grammar 2

1. (1) 주스도 마셔요.
　　(2) 집에서도 영화를 봐요.
　　(3) 의자 위에도 있어요.

2. (1) 도서관에서 무엇을 해요?
　　　　책을 읽어요. 신문도 읽어요.
　　(2) 카페에서 무엇을 해요?
　　　　커피를 마셔요. 빵도 먹어요.

CHAPTER 4

날짜 Dates

4-1 오늘이 며칠이에요? What day is it today?

어휘 Vocabulary

연습 Practice

- (1) 천구백구십팔 년 일월 이십이일
  (2) 이천육 년 오월 십일
  (3) 이천이십사 년 유월 육일
  (4) 이천삼십 년 시월 삼십일

문법 1 Grammar 1

연습 Practice

- (1) 오늘이 무슨 요일이에요?
  오늘은 금요일이에요.
  (2) 내일이 며칠이에요?
  내일은 사월 삼십일이에요.
  (3) 시험이 언제예요?
  시험은 칠월 십구일이에요.
  (4) 파티가 언제예요?
  파티는 이번 주 토요일이에요.

활동 Activity

1. (1) 내일이 며칠이에요?
   내일은 시월 십팔일이에요.
   무슨 요일이에요?
   목요일이에요.
   (2) 생일이 며칠이에요?
   생일은 사월 이십육일이에요.
   무슨 요일이에요?
   토요일이에요.

(3) 오늘이 며칠이에요?
오늘은 십이월 삼십일일이에요.
무슨 요일이에요?
월요일이에요.
(4) 내일이 며칠이에요?
내일은 구월 십일이에요.
무슨 요일이에요?
금요일이에요.
(5) 생일이 며칠이에요?
생일은 유월 일일이에요.
무슨 요일이에요?
수요일이에요.

문법 2 Grammar 2

연습 Practice

- (1) 저는 평일에 한국어를 배워요.
  (2) 마크는 매주 쇼핑을 해요.
  (3) 카린 씨, 언제 댄스 수업이 있어요?
  (4) 칠 월 사 일과 칠 월 오 일에 시험이 있어요.

활동 Activity

1. (1) 언제 도서관에서 책을 읽어요?
   내일 도서관에서 책을 읽어요. /
   6월 9일에 도서관에서 책을 읽어요.

   (2) 언제 학생 식당에서 밥을 먹어요?
   다음 주 월요일에 학생 식당에서 밥을 먹어요. /
   6월 14일에 학생 식당에서 밥을 먹어요.

   (3) 언제 영화관에서 영화를 봐요?
   6월 22일에 영화관에서 영화를 봐요.

   (4) 언제 홍대에서 친구를 만나요?
   6월 27일에 홍대에서 친구를 만나요.

   (5) 언제 카페에서 공부를 해요?
   다음 주 금요일과 토요일에 카페에서 공부를 해요. / 6월 18일과 6월 19일에 카페에서 공부를 해요.

듣고 말하기 Listening and Speaking

듣기 1 Listening 1

- (1) O   (2) X   (3) O   (4) X

듣기 2 Listening 2

1. (1) ②

2. (1) O   (2) X   (3) X

3. ①

4. ④

5. 화, 금, 공연, 월, 시험

4-2 어제 홍대에서 친구를 만났어요
I met my friend in Hongdae yesterday

어휘 Vocabulary

- 빵이 맛있어요. / 빵이 맛없어요.
  커피가 싸요. / 커피가 비싸요.
  학생이 많아요. / 학생이 적어요.
  날씨가 좋아요.
  가방이 작아요.

문법 1 Grammar 1

연습 Practice

- (1) 나빠요   (2) 바빠요   (3) (배가) 고파요
  (4) 예뻐요   (5) 커요   (6) 써요
  (7) 꺼요

활동 Activity

1. (1) 아니요, 머리가 아파요.
    (2) 아니요, 이메일을 써요.
    (3) 아니요, 기분이 나빠요.
    (4) 아니요, 창문이 커요.
    (5) 아니요, 휴대폰을 꺼요.

문법 2 Grammar 2

연습 Practice

- (1) 어제 주스를 샀어요.
  (2) 어제 책을 읽었어요.
  (3) 어제 산책을 했어요.
  (4) 어제 이메일을 썼어요.
  (5) 어제 사람이 적었어요.
  (6) 어제 머리가 아팠어요.

활동 Activity

1. (1) 어제 어디에 갔어요?
     식당에 갔어요.
     거기에서 뭐 했어요?
     라면을 먹었어요.
   (2) 어제 어디에 갔어요?
     백화점에 갔어요.
     거기에서 뭐 했어요?
     옷을 샀어요.
   (3) 어제 어디에 갔어요?
     노래방에 갔어요.
     거기에서 뭐 했어요?
     노래를 했어요.
   (4) 어제 어디에 갔어요?
     영화관에 갔어요.
     거기에서 뭐 했어요?
     영화를 봤어요.
   (5) 어제 어디에 갔어요?
     공원에 갔어요.
     거기에서 뭐 했어요?
     자전거를 탔어요.

읽고 말하기 Reading and Speaking

읽기 1 Reading 1

1. ②

2. (1) X   (2) O

읽기 2 Reading 2

1. (1) X   (2) O

2. (1) 엠마   (2) 마크   (3) 빈   (4) 빈

3. ②

4. 생일, 파티, 선물, 중국, 한국, 재미있었어요

4-3 한 단계 오르기 Step Up!

어휘 늘리기 1 Expanding Vocabulary 1

1. (1) 지난달   (2) 지난 주말
(3) 그저께   (4) 모레

문법 늘리기 1 Expanding Grammar 1

1. (1) 이게 무슨 꽃이에요?
(2) 이게 무슨 주스예요?
(3) 이게 무슨 책이에요?

문법 늘리기 2 Expanding Grammar 2

1. (1) 레나와 같이 사무실에 가요.
(2) 카린과 같이 사무실에 가요.
(3) 파티마와 같이 사무실에 가요.
(4) 선생님과 같이 사무실에 가요.

CHAPTER 5

일상 Daily Life

5-1 지금 몇 시예요? What time is it now?

어휘 Vocabulary

- (1) 두 시 이십오 분이에요.
  (2) 다섯 시 사십삼 분이에요.
  (3) 여덟 시 삼십 분이에요. / 여덟 시 반이에요.
  (4) 열한 시 십일 분이에요.

문법 1 Grammar 1

연습 Practice

- (1) 여덟 시 사십오 분부터 열 시 오십오 분까지 영화를 봐요.
  (2) 아홉 시부터 열두 시 오십 분까지 한국어를 배워요.
  (3) 일곱 시부터 여덟 시까지 아침을 먹어요.
  (4) 세 시 삼십 분(반)부터 네 시 이십 분까지 숙제를 해요.

활동 Activity

1. (1) 언제 운동을 해요?
    매일 저녁 일곱 시부터 여덟 시까지 운동을 해요.
(2) 언제 여행을 해요?
    오월 사 일부터 오월 칠 일까지 여행을 해요.
(3) 언제 공연이 있어요?
    다음 주 목요일부터 공연이 있어요.
(4) 언제 시험을 봐요?
    이번 주 금요일까지 시험을 봐요.

문법 2 Grammar 2

연습 Practice

- (1) 라면은 싸고 맛있어요.
  (2) 책상은 크고 좋아요.
  (3) 저는 일하고 쉬어요.
  (4) 빈은 저녁을 먹고 커피를 마셔요.

활동 Activity

1. (1) 점심을 먹고 산책해요.
   (2) 매일 아침에 커피를 마시고 도서관에서 공부해요.
   (3) 보통 일요일에 운동하고 휴대폰을 봐요.
   (4) 어제 저녁에 숙제하고 잠을 잤어요.

2. (1) 첸 씨는 화장실에 가고 엠마 씨는 사무실에 갔어요.
   (2) 빈 씨는 커피를 마시고 레나 씨는 빵을 먹었어요.
   (3) 파티마 씨는 잠을 자고 올가 씨는 책을 읽었어요.

듣고 말하기 Listening and Speaking

듣기 1 Listening 1

1. (1) Ⓑ   (2) Ⓐ   (3) Ⓓ   (4) Ⓒ

2. (1) X   (2) O   (3) O

듣기 2 Listening 2

1. 2시부터 4시까지 요리를 배워요.

2. ①, ③

3. (1) X   (2) O   (3) X

4. 요리, 2, 4, 불고기, 카페, 커피, 책, 읽어요, 친구, 한국어

5-2 이번 주말에 청소할 거예요
I'll clean up this weekend

문법 1 Grammar 1

연습 Practice

- (1) 이번 주말에 친구 집에 갈 거예요.
  (2) 다음 주에 머리를 할 거예요.
  (3) 내일 낮잠을 잘 거예요.
  (4) 내년에 회사에서 일할 거예요.

활동 Activity

1. (1) 내일 뭐 할 거예요?
     저는 내일 운동을 할 거예요.
     / 저는 게임을 할 거예요.
   (2) 모레 뭐 할 거예요?
     저는 모레 공원에서 강아지와 산책을 할 거예요.
     / 저는 장을 볼 거예요.
   (3) 다음 달에 뭐 할 거예요?
     저는 다음 달에 토픽 시험을 볼 거예요.
     / 저는 공연을 볼 거예요.
   (4) 내년에 뭐 할 거예요?
     저는 내년에 여행을 할 거예요.
     / 저는 아르바이트를 할 거예요.

문법 2 Grammar 2

연습 Practice

- (1) 걸어요.   (2) 물어요.   (3) 닫아요.   (4) 받아요.

활동 Activity

1. (1) 이 사람이 무엇을 해요?
     공부를 하고 노래를 들어요.
   (2) 이 사람이 무엇을 해요?
     케이크를 먹고 선물을 받아요.
   (3) 이 사람이 무엇을 해요?
     점심을 먹고 오후 수업을 들어요.

(4) 이 사람이 무엇을 해요?
    청소를 하고 창문을 닫아요.
(5) 이 사람이 무엇을 해요?
    선물을 받고 사진을 찍어요.

읽고 말하기 Reading and Speaking

읽기 1 Reading 1

1. ④

2. (1) O   (2) X

읽기 2 Reading 2

1. (1) O   (2) O   (3) X   (4) X

2. ③

3. 내일 밤에 인터넷을 하고 게임도 할 거예요.

4. 한국어 수업, 학교 식당, 아르바이트, 단어,
   토요일, 쉴 거예요.

5-3 한단계 오르기 Step Up!

어휘 늘리기 1 Expanding Vocabulary 1

1. (1) 아침(오전)   (2) 낮
   (3) 저녁(오후)   (4) 밤
   (5) 새벽(오전)

어휘 늘리기 2 Expanding Vocabulary 2

● (1) 언제 외출 준비를 해요?
    오전 8시부터 9시까지 한 시간 동안 외출 준비를
    해요.
  (2) 언제 수업을 들어요?
    오전 9시부터 오후 1시까지 네 시간 동안 수업을
    들어요.

(3) 언제 아르바이트를 해요?
    오후 2시부터 저녁 7시까지 다섯 시간 동안 아르
    바이트를 해요.
(4) 언제 쉬어요?
    저녁 8시부터 밤 9시 30분(반)까지 한 시간 30분
    (반) 동안 쉬어요.
(5) 언제 SNS를 해요?
    밤 9시 30분(반)부터 11시 30분(반)까지 두 시간
    동안 SNS를 해요.

문법 늘리기 2 Expanding Grammar 2

● (1) 저는 텔레비전으로 드라마를 봐요. /
    저는 태블릿 PC로 드라마를 봐요.
  (2) 저는 젓가락으로 라면을 먹어요. /
    저는 포크로 라면을 먹어요.
  (3) 저는 휴대폰으로 게임을 해요. /
    저는 컴퓨터로 게임을 해요.
  (4) 저는 볼펜으로 이름을 써요. /
    저는 연필로 이름을 써요.

CHAPTER 6

쇼핑 Shopping

6-1 이 가방이 얼마예요? How much is this bag?

어휘 Vocabulary

● (1) X   (2) O   (3) O   (4) X

문법 1 Grammar 1

연습 Practice

● (1) 이 맥주는 사천백 원이에요.
  (2) 이 책은 이만 오천 원이에요.
  (3) 이 신발은 십칠만 원이에요.
  (4) 이 휴대폰은 백구만 원이에요.

1. (1) 이 라면이 얼마예요?

    이 라면은 천오백오십 원이에요.

    콜라는 얼마예요?

    콜라는 두 캔에 삼천오백 원이에요.

    (2) 이 휴지가 얼마예요?

    이 휴지는 천이백 원이에요.

    지우개는 얼마예요?

    지우개는 다섯 개에 사천삼백 원이에요.

    (3) 이 샤프가 얼마예요?

    이 샤프는 이천사백 원이에요.

    공책은 얼마예요?

    공책은 네 권에 팔천 원이에요.

    (4) 이 우유가 얼마예요?

    이 우유는 천백 원이에요.

    삼각김밥은 얼마예요?

    삼각김밥은 세 개에 사천구백 원이에요.

    (5) 이 샴푸가 얼마예요?

    이 샴푸는 만 칠백 원이에요.

    양말은 얼마예요?

    양말은 두 켤레에 오천팔백 원이에요.

문법 2 Grammar 2

연습 Practice

● (1) 이름을 쓰세요.
   (2) 창문을 닫으세요.
   (3) 빵을 드세요.
   (4) 한국어 수업을 들으세요.

활동 Activity

1. (1) 레나 씨, 아르바이트를 하세요.
   (2) 엠마 씨, 한국어로 이름을 쓰세요.
   (3) 빈 씨, 물을 드세요.
   (4) 카린 씨, 에어컨을 켜세요.
   (5) 마크 씨, 단어를 외우세요.

듣고 말하기 Listening and Speaking

듣기 1 Listening 1

● (1) X   (2) X   (3) O   (4) O

듣기 2 Listening 2

1. (1) X   (2) X

2. ③

3. ①

4. 3, 4, 양말

6-2 커피를 한 잔 마시고 싶어요
I want to drink a cup of coffee

어휘 Vocabulary

● (1) 그릇   (2) 잔   (3) 인분   (4) 조각

문법 1 Grammar 1

연습 Practice

● (1) 주말에 사진을 찍고 싶어요.
   (2) 수업 후에 노래를 듣고 싶어요.
   (3) 내일 집에서 쉬고 싶어요.
   (4) 내년에 결혼을 하고 싶어요.

활동 Activity

1. (1) 어디에 가고 싶어요?

    편의점에 가고 싶어요.

    편의점에서 뭘 사고 싶어요?

    음료수를 사고 싶어요.

    언제 편의점에 갈 거예요?

    지금 편의점에 가고 싶어요.

    (2) 어디에 가고 싶어요?

    백화점에 가고 싶어요.

    백화점에서 뭘 사고 싶어요?

    옷을 사고 싶어요.

언제 백화점에 갈 거예요?
금요일에 백화점에 가고 싶어요.
(3) 어디에 가고 싶어요?
노래방에 가고 싶어요.
노래방에서 뭘 하고 싶어요?
노래를 하고 싶어요.
언제 노래방에 갈 거예요?
주말에 노래방에 가고 싶어요.
(4) 어디에 가고 싶어요?
카페에 가고 싶어요.
카페에서 뭘 하고 싶어요?
케이크를 먹고 싶어요.
언제 카페에 갈 거예요?
오늘 저녁에 카페에 가고 싶어요.

문법 2 Grammar 2

연습 Practice

● (1) 평일에 아르바이트를 안 해요.
(2) 지금 안 피곤해요.
(3) 어제 안 아팠어요.
(4) 내일 학교에 안 갈 거예요.

활동 Activity

1. (1) 아니요, 첸 씨는 안 일어났어요. 잠을 자요.
(2) 아니요, 레나 씨는 공부를 안 해요. 음악을 들어요.
(3) 아니요, 파티마 씨의 가방이 안 커요. 작아요.
(4) 아니요, 엠마 씨의 방에 신발이 안 많아요. 적어요.

읽고 말하기 Reading and Speaking

읽기 1 Reading 1

1. ③

2. (1) O　　　(2) X

읽기 2 Reading 2

1. (1) X　　　(2) O　　　(3) O　　　(4) X

2. 아메리카노하고 치즈 케이크를 주문했어요.

3. ④

4. 주문했어요, 안, 친절했어요, 카페, 두 잔, 한 조각,
숙제

6-3 한 단계 오르기 Step Up!

어휘 늘리기 1 Expanding Vocabulary 1

● (1) 장　　　(2) 벌　　　(3) 마리　　　(4) 다발
(5) 살

문법 늘리기 1 Expanding Grammar 1

1. (1) 친구가 주말에 뭘 하고 싶어 해요?
친구는 게임을 하고 싶어 해요.
(2) 파티마가 주말에 뭘 하고 싶어 해요?
파티마는 쉬고 싶어 해요.
(3) 동생이 주말에 뭘 하고 싶어 해요?
동생은 친구와 밥을 먹고 싶어 해요.

문법 늘리기 2 Expanding Grammar 2

1. (1) 티셔츠를 샀어요?
네, 샀어요.
모자도 샀어요?
아니요, 티셔츠만 샀어요.
(2) 삼겹살을 먹었어요?
네, 먹었어요.
냉면도 먹었어요?
아니요, 삼겹살만 먹었어요.
(3) 책을 읽었어요?
네, 읽었어요.
숙제도 했어요?
아니요, 책만 읽었어요.

2. (1) 아니요, 식당에만 갔어요.
(2) 아니요, 학교에서만 공부해요.
(3) 아니요, 홍대에서만 쇼핑할 거예요.

듣기 대본 · 읽기 지문 번역
Listening Scripts · Reading Text Translations

CHAPTER **1**

한글 Hangeul

1-1 한글 1 Hangeul 1

모음 1 Vowels 1

ㅏ, ㅓ, ㅗ, ㅜ, ㅡ, ㅣ

2. 이, 오, 아이, 오이, 에이

3. 보기 아   (1) 오   (2) 으
(3) 어   (4) 애   (5) 이
(6) 우

4. (1) 이   (2) 오
(3) 아이   (4) 오이
(5) 에이   (6) 우애

자음 1 Consonants 1

ㄱ, ㄴ, ㄷ, ㄹ

2. 구두, 고래, 그네, 나, 노래, 누나, 노루, 다리, 도로, 라디오

3. 보기 가   (1) 도
(2) 리   (3) 개
(4) 누

4. (1) 나라   (2) 누리
(3) 기러기   (4) 게
(5) 개나리

ㅁ, ㅂ, ㅅ, ㅇ, ㅈ

2. 모자, 매미, 바다, 베개, 사자, 수레, 아버지, 우주, 자두, 주사기

3. 보기 머   (1) 소   (2) 미
(3) 즈   (4) 부

4. (1) 시소   (2) 어머니
(3) 보라   (4) 지우개
(5) 가수   (6) 소나기

마무리 Wrap Up

1. 보기 오이   (1) 바지
(2) 노래   (3) 사자
(4) 그네   (5) 대게
(6) 머리

2. (1) 구두   (2) 비누
(3) 노래   (4) 무지개

3. 보기 가수   (1) 비누
(2) 나무   (3) 자루
(4) 두부   (5) 사이
(6) 가루   (7) 메모
(8) 배우

5. (1) 비   (2) 우주
(3) 누나   (4) 드라마
(5) 구두   (6) 지도
(7) 거미   (8) 소리

1-2 한글 2 Hangeul 2

자음 2 Consonants 2

ㅊ, ㅋ, ㅌ, ㅍ, ㅎ

2. 초, 치마, 카드, 커피, 타조, 테니스, 포도, 피아노, 하마, 허리

3. 보기 차   (1) 코
(2) 피   (3) 츠
(4) 해

4. (1) 토마토   (2) 치즈
(3) 카메라   (4) 호두
(5) 아메리카노

자음 3 Consonants 3

ㄲ, ㄸ, ㅃ, ㅆ, ㅉ

2. 까치, 꼬리, 따다, 머리띠, 오빠, 뿌리, 싸다, 쓰레기, 짜다, 찌개

3. 보기 까   (1) 뽀
(2) 쎄   (3) 찌
(4) 뚜

4. (1) 기쁘다   (2) 찌르레기
(3) 코끼리   (4) 아저씨
(5) 따라하다

모음 2 Vowels 2

ㅑ, ㅕ, ㅛ, ㅠ, ㅒ, ㅖ

2. (1) 야구, 샤프   (2) 여우, 벼
(3) 요리, 우표   (4) 우유, 뉴스
(5) 얘기   (6) 예시, 시계

ㅘ, ㅝ, ㅙ, ㅞ, ㅚ, ㅟ, ㅢ

2. 사과, 과자, 샤워, 뭐예요, 돼지, 스웨터, 뇌, 회사, 키위, 의사

3. (1) 뒤   (2) 쥐
(3) 쉬   (4) 봐요
(5) 겨자   (6) 회사
(7) 이자   (8) 예외
(9) 더워요

마무리 Wrap Up

1. 보기 커피   (1) 호수
(2) 초코   (3) 꼬리
(4) 세계   (5) 가위
(6) 휴지   (7) 최고
(8) 배워요

3. (1) 포도   (2) 하마
(3) 투수   (4) 뽀뽀
(5) 짜다   (6) 끼리

4. (1) 타워   (2) 바퀴
(3) 해외   (4) 치료
(5) 기와   (6) 계주
(7) 뷔페   (8) 메뉴

5. (1) 혀   (2) 오빠
(3) 투표   (4) 캐나다
(5) 피자   (6) 의자
(7) 야외   (8) 셔츠

1-3 한글 3 Hangeul 3

받침 1 Final Consonant 1

ㄴ, ㄹ, ㅁ, ㅇ

2. 보기 안   (1) 산
(2) 길   (3) 담
(4) 말   (5) 천
(6) 강

3. (1) 감   (2) 일
(3) 돈   (4) 종이
(5) 공항

4. (1) 별   (2) 문
(3) 봄   (4) 방
(5) 언니   (6) 가을
(7) 김치   (8) 냉장고

받침 1 Final Consonant 1

[ㄱ], [ㄷ], [ㅂ]

3. 보기 곡   (1) 답
     (2) 촉   (3) 밖
     (4) 겁   (5) 숯
     (6) 부엌

4. (1) 죽   (2) 입
     (3) 빛   (4) 겁
     (5) 떡국

5. (1) 밖   (2) 맛
     (3) 숯   (4) 지각
     (5) 접시   (6) 이것

겹받침 Double Final Consonants

● 몫, 앉다, 많다, 여덟, 꿇다, 잃다, 없다, 밝다,
읽다, 닮다, 젊다, 읊다

연음 inking Sounds

(1) 한국어 책을 읽어요.
(2) 하늘에 별이 있어요.
(3) 교실에 사람이 없어요.
(4) 우리 집이 넓어요.

마무리 Wrap Up

1. 보기 김치   (1) 반달
     (2) 사람   (3) 가방
     (4) 식사   (5) 얼마
     (6) 감사   (7) 지갑
     (8) 닫아요

3. (1) 한국   (2) 미국
     (3) 브라질   (4) 프랑스
     (5) 중국   (6) 베트남
     (7) 일본   (8) 호주

CHAPTER 2

소개 Introduction

2-1 저는 첸이에요 I'm Chen

듣기 1 Listening 1

● (1) 어느 나라 사람이에요?
(2) 저는 빈이에요. 남자예요.
(3) 엠마는 요리사예요.
(4) 첸 씨, 유학생이에요?
(5) 가 한국 사람이에요?
     나 아니요, 저는 미국 사람이에요.

듣기 2 Listening 2

선생님 안녕하세요. 저는 이지은이에요.
빈   선생님, 안녕하세요. 저는 빈이에요.
선생님 만나서 반가워요. 빈 씨, 어느 나라 사람이에요?
빈   저는 베트남 사람이에요.
선생님 회사원이에요?
빈   아니요, 저는 크리에이터예요.

2-2 이것이 무엇이에요? What is this?

읽기 2 Reading 2

Bin   This is a coffee. This coffee is a cafe latte. Karin, what is that?

Karin This is juice. This juice is apple juice. Chen, what is that?

Chen That's a book. That book is an English language book. Teacher, what is that?

CHAPTER 3

장소 Place

3-1 학교에서 한국어를 배워요
I learn Korean at school

듣기 1 Listening 1

1. (1) 여기에서 일을 해요.
   (2) 여기에서 한국어를 배워요.
   (3) 여기에서 주스를 사요.
   (4) 여기에서 밥을 먹어요.

2. (1) 가 지금 뭐 해요?
      나 카페에서 커피를 마셔요.
   (2) 가 지금 뭐 해요?
      나 공원에서 산책을 해요.
   (3) 가 어디에서 밥을 먹어요?
      나 집에서 밥을 먹어요.
   (4) 가 명동에서 옷을 사요?
      나 아니요, 명동에서 친구를 만나요.

듣기 2 Listening 2

올가 첸 씨, 지금 뭐 해요?
첸   밥을 먹어요.
올가 어디에서 밥을 먹어요?
첸   학생 식당에서 밥을 먹어요. 올가 씨는 지금
      뭐 해요?
올가 저는 지금 숙제를 해요.
첸   집에서 숙제를 해요?
올가 아니요, 카페에서 숙제를 해요. 첸 씨는 보통
      어디에서 공부를 해요?
첸   저는 보통 도서관에서 공부를 해요.

3-2 홍대에 가요 I'm going to Hongdae

읽기 2 Reading 2

I'm Mark. I go to Myeongdong often. I like shopping. There are a lot of clothing stores in Myeongdong. I go to the clothing stores to look at the clothes. And I buy clothes.
I'm Olga. I'm at the park right now. I come to this park often. This park is near to my house. I take walks here. There's a cafe in the park. I like coffee. I drink coffee at the cafe.

CHAPTER 4

날짜 Dates

4-1 오늘이 며칠이에요? What day is it today?

듣기 1 Listening 1

- (1) 오늘은 8월 1일이에요.
  (2) 오늘은 화요일이에요.
  (3) 토요일과 일요일에 산책을 해요.
  (4) 오늘은 5월 18일이에요. 내일은 제 생일이에요.

듣기 2 Listening 2

첸   카린 씨, 안녕하세요. 지금 어디에 가요?
카린 첸 씨, 안녕하세요. 저는 댄스 학원에 가요.
첸   카린 씨, 춤을 배워요?
카린 네, 노래도 배워요. 저는 춤과 노래를 좋아해요.
첸   춤과 노래를 매일 배워요?
카린 아니요, 화요일과 금요일에 배워요. 이번 주말에
      는 홍대 근처에서 공연을 해요.
첸   그래요?

카린	네, 제가 춤을 춰요. 그리고 노래도 해요.
첸	무슨 요일에 공연을 해요?
카린	토요일 저녁과 일요일 점심에 해요. 첸 씨, 이번 주말에 시간이 있어요?
첸	아… 미안해요. 저는 이번 주말에 시간이 없어요.
카린	주말에 뭐 해요?
첸	다음 주 월요일에 단어 시험이 있어요. 그래서 마크 씨의 집에서 공부를 해요.
카린	알겠어요.

4-2 어제 홍대에서 친구를 만났어요
I met my friend in Hongdae yesterday

읽기 2 Reading 2

Yesterday was Chen's birthday. We had a party at Chen's house. Many friends came to the party. The friends prepared gifts. Emma made a birthday cake. The cake was pretty. Mark bought a hat. The hat was cool. I gave Chen clothes and a birthday card. Chen liked his gifts. We ate Chinese food. And we ate Korean food too. The party was fun.

CHAPTER 5

일상 Daily Life

5-1 지금 몇 시예요?
What time is it now?

듣기 1 Listening 1

1. (1) 11시에 잠을 자요.
   (2) 1시까지 한국어를 배워요.
   (3) 8시 15분에 첸을 만났어요
   (4) 3시 30분부터 청소를 했어요.

2. (1) 21일부터 시험이 있어요.
   (2) 10월 21일부터 25일까지 학교에 가요.
   (3) 토요일부터 일요일까지 여행을 해요.

듣기 2 Listening 2

마크	엠마 씨, 보통 수업이 끝나고 뭐 해요?
엠마	오후 2시부터 4시까지 학원에서 요리를 배워요.
마크	어제 무슨 음식을 만들었어요?
엠마	불고기를 만들었어요. 마크 씨는 보통 수업이 끝나고 뭐 해요?
마크	저는 자주 홍익 카페에 가요. 카페에서 커피도 마시고 책도 읽어요.
엠마	아! 알아요. 저도 지난주에 그 카페에 카린 씨와 같이 갔어요. 커피와 빵이 맛있었어요.
마크	맞아요. 엠마 씨도 카페에 자주 가요?
엠마	네, 저는 보통 일요일에 카페에 가요. 카페에서 한국 친구하고 같이 한국어를 공부해요.

5-2 이번 주말에 청소할 거예요
I'll clean up this weekend

읽기 2 Reading 2

I was very busy today. From 9 o'clock to 1 o'clock, I took Korean class. Together with Karin, I ate lunch in the student cafeteria and walked in the park. And from 3:30 to 9 o'clock, I worked my part-time job in the convenience store near my house. There were many customers in the convenience store. I ate dinner and memorized Korean vocabulary until 11:30. Today was very difficult.

Tomorrow is Saturday. During the weekend, I'm going to rest all day at home. I'll sleep until 11 a.m. I'll eat and watch TV dramas at home. I'll take a nap and then listen to music. At night, I'll use the internet and play games.

CHAPTER 6

쇼핑 Shopping

6-1 이 가방이 얼마예요? How much is this bag?

듣기 1 Listening 1

- (1) 책에 이름을 쓰세요.
  (2) 이것을 드세요.
  (3) 안녕히 주무세요.
  (4) 여기에서 말하지 마세요.

듣기 2 Listening 2

직원1 어서 오세요.
엠마 안녕하세요? 모자 있어요?
직원1 죄송합니다. 3층에는 모자가 없어요. 4층에서 모자를 팔아요.
엠마 감사합니다.

엠마 안녕하세요? 모자 있어요?
직원2 네, 여기에 있어요. 천천히 보세요.
엠마 이 모자는 얼마예요?
직원2 45,000원이에요. 이 모자가 정말 인기가 많아요.
엠마 음… 가격이 좀 비싸요. 그럼, 이 양말은 얼마예요?
직원2 이 양말은 지금 할인을 해요. 세 켤레에 10,000원이에요.
엠마 한 켤레에는 얼마예요?
직원2 4,000원이에요.
엠마 이 모자와 양말 세 켤레 주세요.
직원2 감사합니다. 또 오세요.

6-2 커피를 한 잔 마시고 싶어요
I want to drink a cup of coffee

읽기 2 Reading 2

Friday, May 2nd
Today, Bong Bong Restaurant opened its doors for the first time. That restaurant is in front of the school. After class ended, I went to the restaurant together with Lena.
I like Korean food. I especially like gimbap. Gimbap is cheap and delicious. But there wasn't any gimbap at Bong Bong Restaurant. So we ordered bibimbap and kimchi udon. The food was delicious and the price wasn't very expensive. The owner was very kind, too. Next time, I want to eat the tteokbokki.
There's a cafe next to Bong Bong Restaurant. We went to that cafe often to drink coffee and did homework. We went to the cafe today, too. We ordered 2 americanos and 1 piece of cheese cake. We did our homework there for about an hour and then I came home.

대화 번역
Conversation Translations

3-1 학교에서 한국어를 배워요
I learn Korean at school

Karin   Mark, what are you doing now?
Mark   I'm drinking coffee.
Karin   Where are you drinking coffee?
Mark   I'm drinking coffee in a cafe. What are you doing, Karin?
Karin   I'm watching a movie.

3-2 홍대에 가요 I'm going to Hongdae

Karin   Where are you going now?
Mark   I'm going to my friend's house. Where are you going, Karin?
Karin   I'm going to the bookstore now.
Mark   Where is the bookstore?
Karin   Do you know Hongik University subway station?
Mark   Yes, I do.
Karin   The bookstore is next to Hongik University subway station.

CHAPTER 2

소개 Introduction

2-1 저는 첸이에요 I'm Chen

Mark   Hello. I'm Mark.
Olga   Hello. I'm Olga.
Mark   Olga, which country are you from?
Olga   I'm Russian.
Mark   Are you a university student?
Olga   No, I'm a homemaker. Nice to meet you.

2-2 이것이 무엇이에요 What is this?

Mark   Karin, what is that?
Karin   This is juice.

Mark   Karin, what is that?
Karin   That's a flower. That flower is a rose.

Mark   Karin, who is this?
Karin   This is Park Seojun. He's my Korean friend.

CHAPTER 4

날짜 Dates

4-1 오늘이 며칠이에요? What day is it today?

Karin   Mark, what are you doing this week?
Mark   I'm going to the library on Tuesday.
Karin   What are you doing there?

Mark	I'm doing homework. What are you doing this week, Karin?
Karin	Tomorrow I'm studying at home alone. And on Thursday, I'm meeting a friend in Myeongdong.

4-2 어제 홍대에서 친구를 만났어요
I met my friend in Hongdae yesterday

Mark	This picture is really cool. Where is this?
Karin	It's Gyeongbokgung Palace.
Mark	When did you go?
Karin	I went last week.
Mark	What did you do at Gyeongbokgung Palace?
Karin	I wore a hanbok. The hanbok was pretty.

CHAPTER 5
일상 Daily Life

5-1 지금 몇 시예요?
What time is it now?

Mark	Fatima, what did you do over the weekend?
Fatima	On Saturday, I worked at the office from 10 a.m. until 3 p.m.
Mark	Did you work at the office on Sunday too?
Fatima	On Sunday, I rested at home. What did you do over the weekend, Mark?
Mark	I met a friend.
Fatima	What did you do with your friend?
Mark	We watched a movie and drank coffee.

5-2 이번 주말에 청소할 거예요
I'll clean up this weekend

Mark	What did you do last weekend, Karin?
Karin	I went to Gyeongbokgung Palace.
Mark	Really? What did you do there?
Karin	I took pictures. Gyeongbokgung Palace was really cool.
Mark	What will you do this weekend?
Karin	This weekend I'll rest at home. I'll watch TV dramas at home.

CHAPTER 6
쇼핑 Shopping

6-1 이 가방이 얼마예요? How much is this bag?

Mark	Hello. How much is this shampoo?
Employee	There's a discount right now. It's 7,500 won for 1 and 16,900 won for 3.
Mark	Really? Then please give me 3.
Employee	Sure. Here you are.
Mark	Thank you. Goodbye.
Employee	Goodbye.

6-2 커피를 한 잔 마시고 싶어요
I want to drink a cup of coffee

Mark	Karin, did you eat lunch?
Karin	No, I didn't eat lunch. So I'm hungry.
Mark	What kind of food do you want to eat?
Karin	I want to eat bulgogi. Bulgogi isn't spicy.
Mark	Really? Then do you know this restaurant? This restaurant is famous for bulgogi.
Karin	How much is the bulgogi?
Mark	It's 12,000 won for 1 portion.

문법 및 발음 설명 번역
Grammar and Pronunciation Explanation
Translations

CHAPTER 2

소개 Introduction

2-1 저는 첸이에요 I'm Chen

문법 1 Grammar 1

N이에요/예요

명사 뒤에 붙어 그 명사가 문장의 서술어가 되게 한다. 서술형은 '이에요/예요'로 의문형은 '이에요?/예요?'로 쓴다. 다만 본 과에서는 자기를 소개할 때 사용하는 표현으로 학습한다.

문법 2 Grammar 2

N은/는

문장에서 다루는 내용이나 정보, 설명의 대상, 주제임을 나타낸다.

※ 보통 'N1은/는 ~ N2이에요/예요'의 형태로 사용한다. N2는 N1을 설명한다.

발음 Pronunciation

연음

앞 음절의 받침 뒤에 모음이 오면 앞의 받침이 뒤 음절의 첫소리로 발음된다.

2-2 이것이 무엇이에요? What is this?

문법 1 Grammar 1

이/그/저 N

이/그/저는 지시 대명사로 명사를 구체적으로 가리킬 때

사용하는 표현이다.

문법 2 Grammar 2

N이/가

명사에 붙어 문장의 주어임을 나타낸다. 또한 새로운 화제를 도입할 때 쓴다. 다만 본 과에서는 질문의 표현으로 한정해서 학습한다.

2-3 한 단계 오르기 Step Up!

문법 늘리기 1 Expanding Grammar 1

N의

'의'는 명사와 명사를 연결하여 앞 명사가 뒤 명사를 수식하게 하는 조사이다. 특별히 '나, 저'에 '의'가 붙은 '나의, 저의'는 줄여서 '내, 제'로도 쓰인다. '집, 가족, 나라, 회사' 등과 같이 소속된 단체를 언급할 때는 '우리의'가 아닌 '우리'라고 쓴다.

문법 늘리기 2 Expanding Grammar2

N이/가 아니에요

'이/가 아니에요'는 명사의 부정 표현이다.

CHAPTER 3

장소 Place

3-1 학교에서 한국어를 배워요
I learn Korean at school

문법 1 Grammar 1

V-아/어요

동사와 형용사의 어간 끝에 붙어 공식적인 자리보다는 일상적인 만남에서 편하게 쓰거나 친분이 있는 관계에서 윗사람에게 쓴다. 또는 처음 만났거나 친하지 않아서 높여야 하는 경우에도 쓴다.

※ 'N(을/를) 하다' 형태의 동사는 'N하다'로 쓸 수 있다

N을/를

명사 뒤에 붙어 문장의 목적어임을 나타낸다.

문법 2 Grammar 2

N에서

명사 뒤에 붙어 어떤 행위나 동작이 이루어지고 있는 장소임을 나타낸다.

발음 Pronunciation

'의'

'ㅢ'는 이중 모음으로 발음한다. 단, 단어의 첫음절 이외의 '의'는 [이]로, 조사 '의'는 [에]로 발음함도 허용한다.

3-2 홍대에 가요 I'm going to Hongdae.

문법 1 Grammar 1

N이/가 있다/없다

'있다'는 어떤 사물이나 사람의 존재를 나타내는 표현으로 반대말은 '없다'이다.

N이/가 N에 있다/없다

어떤 사물이나 사람이 존재하거나 위치하는 곳을 나타내는 표현이다.

※N에: 장소나 위치를 나타내는 명사에 붙어 사람 또는 사물이 존재하거나 위치하는 곳을 나타내는 조사

문법 2 Grammar 2

N에 가다/오다

조사 '에'가 장소 명사 뒤에 붙어 이동 동사 '가다, 오다'와 함께 쓰여 목적지로 이동함을 나타내는 표현이다.

3-3 한 단계 오르기 Step Up!

문법 늘리기 1 Expanding Grammar 1

N과/와

명사 뒤에 붙어 여러 사물이나 사람을 열거할 때 사용한다. 일상적인 말하기에서는 'N과/와' 대신에 'N하고'를 자주 사용한다.

문법 늘리기 2 Expanding Grammar 2

N도

명사 뒤에 붙어 여러 가지 대상을 나열하거나 어떤 대상에 더함을 나타낸다. 'N(장소)에서도/N(장소)에도' 등의 형태로 사용한다.

CHAPTER 4

날짜 Dates

4-1 오늘이 며칠이에요? What day is it today?

문법 1 Grammar 1

N월 N일이에요

날짜를 말할 때 사용하는 표현이다.

N요일이에요

요일을 말할 때 사용하는 표현이다.

문법 2 Grammar 2

N에

(명사 뒤에 붙어) 어떤 동작이나 행위, 상태가 일어나는 시간이나 때를 나타낼 때 사용한다.

※ 단, '오늘 / 어제 / 내일 / 매일 / 매주 / 지금 / 언제' 뒤에는 '에'를 사용하지 않는다.

발음 Pronunciation

'ㅎ' 탈락

받침 'ㅎ' 뒤에 모음이 오면 'ㅎ'이 탈락되어 발음하지 않는다.

4-2 어제 홍대에서 친구를 만났어요

I met my friend in Hongdae yesterday

문법 1 Grammar 1

'으' 탈락

형용사나 동사의 어간이 모음 '—'로 끝나는 경우, '—'는 '-아/어'로 시작하는 어미와 결합할 때 탈락한다.

문법 2 Grammar 2

A/V-았/었어요   N이었어요/였어요

상황이나 사건이 일어난 때가 과거임을 나타낸다.

4-3 한단계 오르기 Step Up!

문법 늘리기 1 Expanding Grammar 1

무슨 N

명사 앞에 붙어 무엇인지 모르는 일이나 대상, 물건 따위를 물을 때 사용한다.

문법 늘리기 2 Expanding Grammar2

N과/와 (같이)

명사 뒤에 붙어 어떤 행위나 동작을 함께 하는 대상 등을 나타낼 때 사용한다.
말을 할 때나 글을 쓸 때 사용하며 주로 격식적인 자리에서 쓴다. 일상적인 말하기에서는 'N과/와 같이' 대신에 'N하고 같이'를 자주 사용한다.

CHAPTER 5

일상 Daily Life

5-1 지금 몇 시예요? What time is it now?

문법 1 Grammar 1

N부터 N까지

동작이나 상태가 시작되고 끝나는 시간을 나타내는 표현이다.

문법 2 Grammar 2

A/V-고 N(이)고

두 가지 이상의 행위나 상태, 사실을 나열함을 나타내거나 동사에 붙어 행위를 시간 순서에 따라 연결함을 나타낸다.

발음 Pronunciation

경음화

받침의 발음 [ㄱ], [ㄷ], [ㅂ] 뒤에 연결되는 음절의 첫소리 'ㄱ, ㄷ, ㅂ, ㅅ, ㅈ'은 [ㄲ], [ㄸ], [ㅃ], [ㅆ], [ㅉ]로 발음된다.

5-2 이번 주말에 청소할 거예요

I'll clean up this weekend

문법 1 Grammar 1

V-(으)ㄹ 거예요

동사에 붙어 앞으로 일어날 일, 계획, 미래의 전망 등을 나타낸다.

문법 2 Grammar 2

'ㄷ' 불규칙

받침 'ㄷ'으로 끝나는 동사 중 일부는 모음으로 시작하는 어미와 결합할 때 받침 'ㄷ'이 'ㄹ'로 바뀐다.

※ 다음 단어는 불규칙 활용을 하지 않고 규칙 활용을 한다.
닫다 + 아요 → 닫아요
받다 + 아요 → 받아요

5-3 한 단계 오르기 Step Up!

문법 늘리기 1 Expanding Grammar 1

N 전에, N 후에

일정한 시간이나 어떤 행동의 전이나 후를 나타낸다.

문법 늘리기 2 Expanding Grammar 2

N(으)로①

어떤 행위의 수단, 방법임을 나타낸다. 받침이 'ㄹ'인 명사 뒤에는 '로'만 사용한다.

CHAPTER 6

쇼핑 Shopping

6-1 이 가방이 얼마예요? How much is this bag?

문법 1 Grammar 1

N이/가 얼마예요?

가격을 물을 때 사용하는 표현이다.

문법 2 Grammar 2

V–(으)세요

상대방에게 어떤 행동을 할 것을 명령, 요청할 때 쓴다.

※ '먹다', '마시다', '잠을 자다', '있다'의 경우, 다른 형태가 쓰인다.

먹다	먹으세요 (X)	드시다	드세요 (O)
마시다	마시세요 (X)		
잠을 자다	잠을 자세요 (X)	주무시다	주무세요 (O)
있다	있으세요 (X)	계시다	계세요 (O)

V–지 마세요

듣는 사람에게 어떤 행위를 하지 못하게 함을 나타낸다.

발음 Pronunciation

비음화 1

받침의 발음 [ㄱ], [ㄷ], [ㅂ]은 뒤 음절의 첫소리 'ㅁ' 앞에서 [ㅇ], [ㄴ], [ㅁ]으로 발음된다.

6-2 커피를 한 잔 마시고 싶어요
I want to drink a cup of coffee

문법 1 Grammar 1

V–고 싶다

동사의 어간에 붙어 말하는 사람이 원하거나 바라는 내용을 나타낸다. 주어가 1, 2인칭일 때 쓴다.

문법 2 Grammar 2

안 A/V

동사와 형용사 앞에 쓰여 부정의 의미를 나타낸다.

※ 'N을/를 + 하다'의 경우는 '안'의 위치가 '하다'의 앞에 쓰여 'N을/를 안 하다'로 쓴다.
안 공부를 하다 (X)
※ '맛있다, 재미있다'의 '있다'는 '맛없다, 재미없다'와 같이 '있다'의 부정어 '없다'로 쓴다.

A/V–지 않다

동사와 형용사의 어간 끝에 붙어 부정의 의미를 나타낸다.

문법 늘리기 1 Expanding Grammar 1

V–고 싶어 하다

동사의 어간에 붙어 말하는 사람이 원하거나 바라는 내용을 나타낸다. 주어가 3인칭일 때는 '–고 싶어 하다'를 쓴다.

문법 늘리기 2 Expanding Grammar 2

N만

다른 것을 배제하고 유독 그것을 선택함을 나타낸다. 같이 사용하는 명사에 따라 'N에서만 / N에만' 등의 형태로 사용한다.

색인 Index

ㅇ

ㅈ

Hi! KOREAN 1A
Student's Book

지 은 이 강원경, 구민영, 김정아, 이경아, 이미지, 이선미
펴 낸 이 정규도
펴 낸 곳 (주)다락원

초판 1쇄 인쇄 2023년 10월 11일
초판 2쇄 발행 2024년 12월 20일

책 임 편 집 이숙희, 한지희
디 자 인 김나경, 안성민
일 러 스 트 윤병철
번   역 Jamie Lypka
이미지 출처 shutterstock, iclickart, wikicommons

다락원 경기도 파주시 문발로 211, 10881
내용 문의 : (02)736-2031 내선 420~426
구입 문의 : (02)736-2031 내선 250~252
Fax : (02)732-2037
출판등록 1977년 9월 16일 제406-2008-000007호

ISBN   978-89-277-3314-0 14710
        978-89-277-3313-3 (SET)

http://www.darakwon.co.kr
http://koreanbooks.darakwon.co.kr

다락원 홈페이지를 방문하시면 상세한 출판 정보와 함께
MP3 자료 등 다양한 어학 정보를 얻으실 수 있습니다.

Hi! KOREAN

강원경 | 구민영 | 김정아 | 이경아 | 이미지 | 이선미

문법·어휘 학습서

1A

DARAKWON

Hi! KOREAN

문법·어휘 학습서

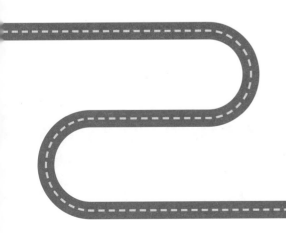

1A

DARAKWON

목차

한글
Hangeul

---

1 표기 | Writing

Hangeul is written using basic syllable units. Hangeul syllables are composed of a vowel, consonant + vowel, or consonant + vowel + consonant.

❶ Vowel: When a syllable begins with a vowel a silent ㅇ is used.

ㅇ	+	ㅏ	→	아

ㅇ	+	ㅜ	→	우

❷ Consonant + Vowel: Vowels are written to the right side of or below the consonant.

ㄱ	+	ㅏ	→	가

ㅅ	+	ㅜ	→	수

❸ Consonant + Vowel + Consonant: A consonant that follows a vowel is called a 받침 (final consonant). The final consonant is written below the vowel.

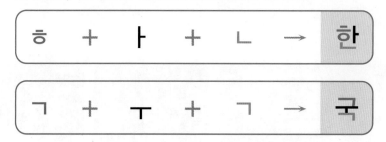

ㅎ	+	ㅏ	+	ㄴ	→	한

ㄱ	+	ㅜ	+	ㄱ	→	국

2 문장 구조 Sentence Structure

Korean sentences are comprised using a basic "subject-predicate" structure.

3 조사 Particles

There are many different particles in Korean. Grammatical relationships or meanings are indicated through the use of particles. Looking at the sentence below, we can see that 가 is attached after the noun making it the subject, and 을 is attached to the object.

엠마가 점심을 먹어요.

오후에 공원에서 친구를 만났어요.

4 띄어쓰기 Spacing

Spaces are used between words in Korean sentences. Particles attach to the word that precedes them.

오후에 ∨ 공원에서 ∨ 친구를 ∨ 만났어요.

CHAPTER 02 소개
Introduction

2-1 저는 첸이에요	1. N이에요/예요	2. N은/는
2-2 이것이 무엇이에요?	1. 이/그/저 N	2. N이/가
2-3 한 단계 오르기	1. N의	2. N이/가 아니에요

2-1 저는 첸이에요
I'm Chen

어휘와 표현 Vocabulary & Expressions

나라 Countries

러시아	Russia	중국	China
미국	USA	프랑스	France
베트남	Vietnam	한국	Korea
일본	Japan	호주	Australia

직업 Jobs

간호사	nurse	요리사	chef
디자이너	designer	크리에이터	creator
모델	model	학생	student
선생님	teacher	회사원	office worker

기타 추가 어휘 Additional Vocabulary

나라	country	아니요	no
남자	man	어느	what, which
네	yes	여러분	everyone
대학생	university student	유학생	international student
만나서 반가워요	Nice to meet you.	이름	name
뭐	what	이집트	Egypt
사람	people	저	I/me (honorific)
−씨[1]	Mr., Ms.	주부	homemaker

[1] −씨 : Ordinarily, when addressing or referring to another person, 씨 is added following their name, but it is not added to their own name.

1 N이에요/예요

Attaches after a noun, making that noun the predicate of the sentence. In the base form, 이다 follows a noun, in the form N이다. The descriptive form of 이다 is 이에요/예요 and the interrogative form is 이에요?/예요?. If the noun has a final consonant, 이에요 is used, and if there is no final consonant, 예요 is used. However, in this lesson, it is presented in the form of 저는 N이에요/예요 and is learned through expressions used when introducing oneself.

Ex.
- 저는 엠마예요. I am Emma.
- 저는 미국 사람이에요. I am American.
- 가 엠마 씨, 학생이에요? Emma, are you a student?
  나 네, 저는 학생이에요. Yes, I'm a student.

2 N은/는

Attaches after a noun, indicating that it is the topic of the content, information, or explanation in a sentence. When following a noun with a final consonant, 은 is used, and when following a noun without a final consonant, 는 is used.

Ex.
- 엠마는 요리사예요. Emma is a chef.
- 카린은 일본 사람이에요. Karin is Japanese.
- 가 파티마 씨, 간호사예요? Fatima, are you a nurse?
  나 아니요, 저는 회사원이에요. No, I'm an office worker.

어휘와 표현 Vocabulary & Expressions

물건 Objects

가방	bag	주스	juice
공책	notebook	지갑	wallet
꽃	flower	책	book
물	water	책상	desk
볼펜	ballpoint (pen)	커피	coffee
여권	passport	태블릿 PC	tablet PC
의자	chair	휴대폰	cell phone

지시 대명사 1 Demonstrative Pronouns 1

이것	this	그것[2]	that
저것	that (over there)		

기타 추가 어휘 Additional Vocabulary

누구	who	영어	English (language)
무엇	what	오렌지	orange
반	class	장미	rose
사과	apple	친구	friend
아메리카노	americano	카페라테	cafe latte
여자	woman	필통	pencil case
연필	pencil	한국어	Korean (language)

---

2) 그것 : A demonstrative pronoun that refers to something that is close to the listener or that the listener is thinking about. Also used when referring to something that has already been discussed.

1 이/그/저 N

Demonstrative pronouns used when indicating a specific noun. The noun being indicated is used after 이, 그, or 저. 이 is used when the object being indicated is close to the speaker, 그 when it is close to the listener, and 저 when it is far from both the speaker and listener. If there is no information about the object, 이것, 그것, and 저것 are used, and if there is specific information, 이 N, 그 N, and 저 N are used.

Ex.
- 이것은 주스예요. This is juice.

  이 주스는 오렌지 주스예요. This juice is orange juice.

- 그것은 커피예요. That is coffee.

  그 커피는 아메리카노예요. That coffee is an americano.

- 저것은 책이에요. That (over there) is a book.

  저 책은 한국어 책이에요. That book is a Korean language book.

2 N이/가

Attaches after a noun to indicate the subject of a sentence. It is also used when introducing a new topic. However, in this lesson, it is only learned through expressions that are questions. If the noun has a final consonant, it is followed by 이, and if there is no final consonant, 가 is used. When 이/가 is used with 누구, 저, 나, or 너, it is used in the following forms.

누구 + 가 → 누가	저 + 가 → 제가
나 + 가 → 내가	너 + 가 → 네가

Ex.
- 가 이것**이** 무엇이에요? What is this?

  나 이것은 휴대폰이에요. This is a cell phone.

- 가 저 사람**이** 누구예요? Who is that person (over there)?

  나 저 사람은 카린 씨예요. That person is Karin.

- 가 마크**가** 어느 나라 사람이에요? What country is Mark from?

  나 마크는 프랑스 사람이에요. Mark is French.

※ 이/가 vs 은/는

이/가	은/는
❶ Used to indicate the subject of a sentence.	❶ Used when explaining or introducing, etc. a certain topic.
❷ Used when introducing a new topic.	❷ Used when talking about something that has already been mentioned.
	❸ Used when comparing two or more things.

어휘 늘리기 Expanding Vocabulary

질문 표현 Questioning Words

누가	who	누구	who

지시 대명사 2 Demonstrative Pronouns 2

이게	this	이건	this
그게	that	그건	that
저게	that (over there)	저건	that (over there)

물건 이름 Names of Objects

모자	cap, hat	우유	milk
빵	bread	지우개	eraser
사진	picture	탁자	table
안경	glasses	화장품	cosmetics
우산	umbrella	휴지	tissue

기타 추가 어휘 Additional Vocabulary

가수	singer	인사	greeting
동생	younger sibling	제	my (honorific)
바나나	banana	직업	job
우리	we, our	한국대학교	Hankook University

1 N의

A particle used when connecting two nouns so that the first noun modifies the second.

※ When 의 attaches to 나, 저, and 너, it can be shortened from 나의, 저의, and 너의 to be used as 내, 제, and 네. When referring to nouns for groups to which one belongs, such as 집 (house), 가족 (family), 나라 (country), 회사 (office) etc. 우리 is used, and not 우리의.

나 + 의 → 내	저 + 의 → 제
너 + 의 → 네	우리 + 의 → 우리

Ex.
- 저것은 마크의 모자예요. That is Mark's hat.
- 마크 씨는 우리 반 친구예요. Mark is our classmate.
- 이것은 제 가방이에요. This is my bag.

2 N이/가 아니에요

Expresses the negative of a noun. If the noun has a final consonant, 이 아니에요 is used, and if there is no final consonant, 가 아니에요 is used. The base form of 아니에요 is 아니다.

Ex.
- 가 그게 아메리카노예요? Is that an americano?
  나 아니요, 이건 아메리카노가 아니에요. 카페라테예요.
  No, this isn't an americano. It's cafe latte.
- 저것은 책상이 아니에요. 탁자예요. That is not a desk. It's a table.

CHAPTER 03 장소
Places

3-1 학교에서 한국어를 배워요	1. N을/를 V-아/어요	2. N에서
3-2 홍대에 가요	1. N이/가 N에 있다/없다	2. N에 가다/오다
3-3 한 단계 오르기	1. N과/와	2. N도

3-1 학교에서 한국어를 배워요
I learn Korean at school

어휘와 표현 Vocabulary & Expressions

장소 1 Places 1

도서관	library	카페	cafe
식당	restaurant	편의점	convenience store
영화관	movie theater	학교	school
집	house	회사	office

지시 대명사 3 Demonstrative Pronouns 3

여기	here	저기	over there
거기	there	어디	where

동사 1 Verbs 1

공부를 하다	to study	보다	to see, to look, to watch
마시다	to drink	사다	to buy
먹다	to eat	일을 하다	to work
배우다	to learn	읽다	to read

기타 추가 어휘 Additional Vocabulary

공원	park	보통	usually, normally
교실	classroom	산책(을) 하다	to take a walk
닫다	to close	숙제(를) 하다	to do homework
라면	ramyeon noodles	영화	movie
만나다	to meet	옷	clothes
매일	every day	지금	now
명동	Myeongdong	학생 식당	student cafeteria
문	door	홍대	Hongdae
밥	rice, food		

1 V-아/어요

Attaches to the stem of verbs and adjectives. Rather than being used in formal situations, it is often used comfortably in daily interactions or with superiors with whom one is familiar. It is also used in situations when you need to be polite with someone you are meeting for the first time or someone with whom you aren't close. If the verb stem ends in ㅏ or ㅗ, -아요 is used, and with all other vowels, -어요 is used. With 하다, 해요 is used.

※ Verbs and adjectives are made up of a stem and an ending, with their form changing when used in a sentence, which is called conjugation. The part of the word that doesn't change during conjugation is called the stem.

먹다 : 먹 + 다

어간
stem

어미
ending

※ 뭐 해요? vs 뭐예요?

뭐 해요?	뭐예요?
Used when making a question with a verb.	Used when making a question with a noun.

N을/를

Attaches after a noun to indicate the object of a sentence. If the noun has a final consonant, 을 is used, and if there is no final consonant, 를 is used.

※ Verbs in the N(을/를) 하다 form can be used as N하다, with the particle omitted.
　일(을) 해요 – 일해요　　공부(를) 해요 – 공부해요

Ex.　• 마크는 영화를 봐요. Mark watches a movie.

　　• 카린은 빵을 먹어요. Karin eats bread.

　　• 가 빈 씨가 무엇을 해요? What is Bin doing?

　　　나 빈 씨는 일을 해요. Bin is working.

2 N에서

Attaches after a noun to indicate the place in which an action or motion takes place.

Ex.　• 마크가 학교에서 한국어를 배워요. Mark learns Korean at school.

　　• 파티마가 회사에서 일을 해요. Fatima works in an office.

　　• 가 카린 씨, 어디에서 가방을 사요? Karin, where do you buy bags?

　　　나 저는 명동에서 가방을 사요. I buy bags at Myeongdong.

어휘와 표현 Vocabulary & Expressions

수 1 Numbers 1

공	0 (zero)	육	6 (six)	사십	40 (forty)
영		칠	7 (seven)	오십	50 (fifty)
일	1 (one)	팔	8 (eight)	육십	60 (sixty)
이	2 (two)	구	9 (nine)	칠십	70 (seventy)
삼	3 (three)	십	10 (ten)	팔십	80 (eighty)
사	4 (four)	이십	20 (twenty)	구십	90 (ninety)
오	5 (five)	삼십	30 (thirty)	백¹⁾	100 (hundred)

위치 1 Location 1

뒤	behind	안	inside of
밑	under, below	앞	in front of
밖	outside of	옆	next to
아래	under, below	위	on top of, above

기타 추가 어휘 Additional Vocabulary

가게	store, shop	서점	bookstore
가다	to go	소파	sofa
고양이	cat	쇼핑	shopping
구경(을) 하다	to observe, to look at	알다	to know
그래서	so, therefore	없다	to not have, to not exist, there is not
그리고	and	역	station
근처	near, neighborhood	오다	to come
급	grade	은행	bank
돈	money	있다	to have, to exist, there is
많이	a lot, many	자주	often
몇	how many, which	좋아하다	to like
백화점	department store	층	floor
번	number	홍대입구	Hongik University (subway station)
사무실	office	화장실	bathroom

1) **백** : When counting numbers over one 백, use 천(1,000), 만 (10,000), 십만 (100,000), 백만(1,000,000), and 천만 (10,000,000).

① N이/가 있다/없다

있다 is an expression that indicates the existence of an object or person, and its opposite is 없다.

> **Ex.**
> - 저는 동생이 있어요. I have a younger sibling.
> - 가 휴지가 있어요? Do you have a tissue?
>   나 아니요, 휴지가 없어요. No, I don't have a tissue.

N이/가 N에 있다/없다

An expression that indicates where an object or person exists or is located.

※ N에 : A particle that attaches to a noun that indicates a place or location to express where a person or object exists or is located.

> **Ex.**
> - 가방이 의자 위에 있어요. The bag is on the chair.
> - 가 편의점이 몇 층에 있어요? Which floor is the convenience store on?
>   나 1층에 있어요. It's on the first floor.
> - 가 파티마 씨가 어디에 있어요? Where is Fatima?
>   나 회사에 있어요. She's at the office.

② N에 가다/오다

An expression in which the particle 에 attaches after a place noun and is used with the verbs of movement 가다 and 오다 to indicate movement toward a destination.

※ N에 다니다 : An expression that indicates regularly going to and coming from an institution such as a workplace or school.
    저는 한국대학교에 다녀요. I attend Hankook University.

> **Ex.**
> - 저는 카페에 자주 가요. I often go to a cafe.
> - 친구가 한국에 와요. My friend is coming to Korea.
> - 가 카린 씨, 지금 어디에 가요? Karin, where are you going?
>   나 도서관에 가요. 도서관에서 책을 읽어요.
>   I'm going to the library. I'll read books at the library.

어휘 늘리기 Expanding Vocabulary

장소 2 Places 2

교실	classroom	집	house
문구점	stationery store	카페	cafe
약국	pharmacy	학교	school
은행	bank		

동사 2 Verbs 2

가르치다	to teach	사다	to buy
기다리다	to wait	쉬다	to rest
닫다	to close	열다	to open
만나다	to meet	자다	to sleep
배우다	to learn	찾다	to withdraw (money)

위치 2 Location 2

건너편	opposite side	왼쪽	left
오른쪽	right		

기타 추가 어휘 Additional Vocabulary

대답	answer	잠	sleep
바지	pants	질문	question
방	room	창문	window
시계	clock	치마	skirt
신문	newspaper	침대	bed
약	medicine	컵	cup
옷장	closet		

1 N과/와

Attaches after a noun and is used when listing several objects or people. In everyday speech, N하고 is frequently used instead of N과/와. If the noun has a final consonant, 과 is used, and if there is no final consonant, 와 is used.

> **Ex.**
> - 가 책상 위에 무엇이 있어요? What is on the desk?
> - 나 책상 위에 **책과** 휴지가 있어요. A book and tissues are on the desk.
>   (책상 위에 휴지**와** 책이 있어요. Tissues and a book are on the desk.)

2 N도

Attaches after a noun when listing several items or to express addition of an object. It is used in forms including N(place)에서도 and N(place)에도.

※ 도 is not used together with 은/는, 이/가, or 을/를.

> **Ex.**
> - 가 저는 한국 사람이에요. I'm from Korea.
> - 나 저**도** 한국 사람이에요. I'm also from Korea.

04 날짜
Dates

4-1 오늘이 며칠이에요?
What day is it today?

어휘와 표현 Vocabulary & Expressions

날짜와 요일 Dates and Days

날짜	date	어제	yesterday
년	year	오늘	today
월	month	내일	tomorrow
일	day	지난주	last week
요일	day of the week	이번 주	this week
평일	weekday	다음 주	next week
주말	weekend		

1월 (일월)	January	7월 (칠월)	July
2월 (이월)	February	8월 (팔월)	August
3월 (삼월)	March	9월 (구월)	September
4월 (사월)	April	10월 (시월)	October
5월 (오월)	May	11월 (십일월)	November
6월 (유월)	June	12월 (십이월)	December

월요일	Monday	금요일	Friday
화요일	Tuesday	토요일	Saturday
수요일	Wednesday	일요일	Sunday
목요일	Thursday		

기타 추가 어휘 Additional Vocabulary

가족	family	쇼핑을 하다	to go shopping
게임을 하다	to play games	수업	class, lesson
공연	concert	시간	time
노래를 하다	to sing	시험	test
노래방	singing room (noraebang)	시험을 보다	to take a test
단어	vocabulary	신촌	Sinchon
댄스	dance	아침	morning
매주	every week	알겠어요	Alright, I understand
맥주	beer	언제	when
며칠	what day	저녁	evening
무슨	what, what kind	점심	afternoon
미안해요	Sorry	춤을 추다	to dance
방학	vacation	파티	party
생일	birthday	학원	academy
선물	gift, present	혼자	by oneself, alone

1 N월 N일이에요

An expression used when talking about the date. When asking the date, (몇 월) 며칠이에요? is used.

N요일이에요

An expression used when talking about the day of the week. When asking the day of the week, 무슨 요일이에요? is used.

※ The question N이 언제예요?(When is N?) can be answered in the following various ways.
  가 N이/가 언제예요? When is N?
  나 N은/는 N월 N일/N요일/오늘/내일...이에요. N is (on [month, date]/on [day]/today/tomorrow, etc.).

Ex. • 오늘은 6월 14일이에요. Today is June 14th.

  • 내일은 금요일이에요. Tomorrow is Friday.

  • 가 파티가 언제예요? When is the party?

  나 파티는 팔월 십일 일이에요. 일요일이에요. The party is on August 11th. It's Sunday.

2 N에

Attaches to the end of a noun and is used to indicate or when a motion, action, or state of being takes place.

※ However, 에 is not used after 오늘, 어제, 내일, 매일, 매주, 지금, or 언제.
  오늘에 도서관에서 공부를 해요. (X)
  오늘 도서관에서 공부를 해요. (O) I'm studying at the library today.

Ex. • 2월 14일에 가족이 한국에 와요. My family is coming to Korea on February 14th.

  • 가 금요일에 뭐 해요? What are you doing on Friday?

  나 금요일에 홍대에서 맥주를 마셔요. I'm drinking beer in Hongdae on Friday.

어휘와 표현 Vocabulary & Expressions

형용사 1 Adjectives 1

많다	many, a lot	작다	to be small
맛없다	to taste bad	재미없다	to be boring
맛있다	to taste good, to be delicious	재미있다	to be fun
비싸다	to be expensive	적다	few, little
싸다	to be cheap/inexpensive	좋다	to be good

'으' 탈락 형용사/동사 으 Irregular Verbs and Adjectives

(배가) 고프다	to be hungry	쓰다	to write
끄다	to turn off	아프다	to hurt
나쁘다	to be bad	예쁘다	to be pretty
바쁘다	to be busy	크다	to be big

기타 추가 어휘 Additional Vocabulary

같이	together	이메일	email
경복궁	Gyeongbokgung Palace	입다	to wear
고향	hometown	자전거	bicycle
기분	mood	정말	really, very
날씨	weather	주다	to give
–들	plural suffix	준비(를) 하다	to prepare, to get ready
딸기	strawberry	지난 주말	last weekend
만들다	to make	카드	card
머리	head	케이크	cake
멋있다	to be cool, to be handsome	켜다	to turn on
바다	sea, ocean	타다	to ride
배	stomach	편지	letter
부산	Busan	한강 공원	Hangang River Park
어때요?	How is it?, How about...?	한복	hanbok (traditional Korean clothes)

1 '으' 탈락 (으 Elision)

When an adjective or verb stem ends in the vowel — and is conjugated with an ending that begins with −아/어, — is eliminated. When the syllable before — includes ㅏ or ㅗ, the word is written with −아요, and for other vowels, it is written with −어요.

Ex.
- 배가 **고파요**. I'm hungry.
- 머리가 **아파요**. 그래서 기분이 **나빠요**. My head hurts. So I'm in a bad mood.
- 가 지금 뭐 해요? What are you doing now?
  나 이메일을 **써요**. I'm writing an email.

2 A/V−았/었어요

Attaches to a verb or adjective stem to indicate that a situation or event occurred in the past.

N이었어요/였어요

When the noun has a final consonant, 이었어요 is used, and when there is no final consonant, 였어요 is used.

Ex.
- 지난주에 동생이 한국에 **왔어요**. My younger sibling came to Korea last week.
- 올가는 고향에서 회사원**이었어요**. Olga was an office worker in her hometown.
- 가 어제 뭐 **했어요**? What did you do yesterday?
  나 공원에서 자전거를 **탔어요**. I rode my bike in the park.

어휘 늘리기 Expanding Vocabulary

시간 표현 Time Expressions

작년	last year	이번 달	this month
올해	this year	다음 달	next month
내년	next year	그저께	the day before yesterday
지난달	last month	모레	the day after tomorrow

형용사 2 Adjectives 2

깨끗하다	to be clean	조용하다	to be quiet
똑똑하다	to be smart	친절하다	to be kind
멋있다	to be cool, to be handsome	피곤하다	to be tired

기타 추가 어휘 Additional Vocabulary

강남	Gangnam	여자 친구	girlfriend
과일	fruit	연남동	Yeonnam-dong
남자 친구	boyfriend	음식	food
아주	very, so	이태원	Itaewon

문법 늘리기 Expanding Grammar

1 무슨 N

Used before a noun to ask about an unknown event, topic, object, etc.

> **Ex.** · 가 **무슨** 커피를 좋아해요? What kind of coffee do you like?
>
> 나 저는 카페라테를 좋아해요. I like cafe latte.

2 N과/와 (같이)

Attaches after noun and is used to indicate someone or something with whom an action or motion is done together. It is used in both speaking and writing, and is mainly used in formal situations. When the noun has a final consonant, 과 is used, and when there is no final consonant, 와 is used.

※ In everyday speech, N하고 같이 is often used instead of N과/와 같이.

> **Ex.** · 저는 지금 친구**와 같이** 커피를 마셔요. I'm drinking coffee with my friend right now.

CHAPTER

05 일상
Daily Life

5-1 지금 몇 시예요?

What time is it now?

어휘와 표현 Vocabulary & Expressions

수 2 Numbers 2

하나	1 (one)	여섯	6 (six)	열하나	11 (eleven)
둘	2 (two)	일곱	7 (seven)	열둘	12 (twelve)
셋	3 (three)	여덟	8 (eight)	열셋	13 (thirteen)
넷	4 (four)	아홉	9 (nine)	열넷	14 (fourteen)
다섯	5 (five)	열	10 (ten)	스물	20 (twenty)

시간 Time : N 시 N 분

한 시	1 o'clock	한 시 삼십 분	1:30 (one-thirty)
두 시	2 o'clock	한 시 반	half past 1
세 시	3 o'clock	시	o'clock
네 시	4 o'clock	분	minutes
다섯 시	5 o'clock	반	half, half past

기타 추가 어휘 Additional Vocabulary

끝나다	to finish, to end	오후	afternoon, p.m.
맞다	to be correct, to be right	요리	cooking
불고기	bulgogi	운동을 하다	to work out
손	hand	저녁(밥)	dinner
씻다	to wash	점심(밥)	lunch
아침(밥)	breakfast	(사진을) 찍다	to take (a picture)
여행을 하다	to travel, to take a trip	청소(를) 하다	to clean
오전	morning, a.m.	하루 종일	all day

1 N부터 N까지

부터(from, beginning) attaches after a noun to indicate the start of a range related to a motion or state of being 까지(until, through) follows a noun to indicate the end point.

※ 부터 and 까지 can also be used separately.
다음 주 목요일부터 여행을 할 거예요. I'll be traveling from next Tuesday.
오늘 8시까지 잤어요. I slept until 8 o'clock.

Ex.
- 두 시부터 세 시까지 숙제를 해요. I do homework from 2 o'clock to 3 o'clock.

  - 가 몇 시부터 몇 시까지 잠을 자요? From what time until what time do you sleep?
  - 나 열두 시부터 일곱 시까지 잠을 자요. I sleep from 10 o'clock to 7 o'clock.

  - 가 언제 한국어 수업이 있어요? When do you have Korean class?
  - 나 월요일부터 금요일까지 한국어 수업이 있어요.
    I have Korean class from Mondays through Fridays.

2 A/V–고

Attaches to a verb or adjective stem to indicate a list of two or more actions, states of being, or facts, or to a verb to indicate that actions are linked in chronological order.

※ When indicating a list, the past tense can be used, but when indicating chronological order, the past tense cannot be used.
첸은 떡볶이를 먹었고 엠마는 김밥을 먹었어요. (O) Chen ate tteokbokki and Emma ate gimbap.
한국어 수업을 들었고 친구를 만났어요. (X)

N(이)고

Used when listing several nouns. When the noun has a final consonant, 이고 is used, and when there is no final consonant, 고 is used.

Ex.
- 제 방은 크고 깨끗해요. My room is big and clean.

  - 빈은 커피를 마시고 저는 주스를 마셔요. Bin is drinking coffee and I'm drinking juice.
  - 이건 책상이고 저건 의자예요. This is a desk and that is a chair.
  - 손을 씻고 밥을 먹어요. Wash your hands and then eat.
  - 가 어제 운동을 하고 뭐 했어요? What did you do yesterday after exercising?
    나 운동을 하고 맥주를 마셨어요. After exercising, I drank beer.

※ N(이)고 vs N과/와

N(이)고	N과/와
Used when listing two or more sentences that end in a noun. · 이것은 연필이고 저것은 볼펜이에요. This is a pencil and that is a pen. = 이것은 연필이에요. 그리고 저것은 볼펜이에요. This is a pencil. And that is a pen.	Used when listing two or more nouns. · 책상 위에 연필과 볼펜이 있어요. There are a pen and a pencil on the desk.

어휘와 표현 Vocabulary & Expressions

주말 활동 Weekend Activities

게임을 하다	to play games	운동을 하다	to work out
낮잠을 자다	to take a nap	장을 보다	to go grocery shopping
단어를 외우다	to memorize vocabulary	청소를 하다	to clean
머리를 하다	to do one's hair	텔레비전을 보다	to watch TV
아르바이트를 하다	to work a part-time job		

'ㄷ' 불규칙 동사 ㄷ Irregular Verbs

듣다	to listen, to hear	걷다	to walk
묻다	to ask		

기타 추가 어휘 Additional Vocabulary

그래요?	Really?	요즘	recently, these days
드라마	TV drama	음악	music
마트	mart	이날	this day
미용실	hair salon	인터넷을 하다	to use the internet
받다	to receive, to get	일찍	early
밤	night	하루	day, one day
손님	customer, guest	힘들다	to be hard
수업을 듣다	to take a class		

1 V-(으)ㄹ 거예요

Attaches to a verb stem to indicate events, plans, and predictions that will occur in the future. When the verb stem has a final consonant, −을 거예요 is used, and when there is no final consonant, −ㄹ 거예요 is used.

> **Ex.**
> • 저는 오후에 책을 읽을 **거예요.** I'll read a book in the afternoon.
>
> • 저는 오늘 일찍 잘 **거예요.** I'll sleep early today.
>
> • 가 이번 주말에 뭐 할 **거예요?** What will you do this weekend?
>   나 주말에 집에서 청소할 **거예요.** I'll clean the house this weekend.

2 'ㄷ' 불규칙 Irregular ㄷ

When combined with a verb ending that begins with a vowel, some verbs that end with a final consonant ㄷ change their final consonant to ㄹ. 묻다 is often used in the form 물어보다.

※ The following words do not have an irregular form.
닫다 + 아요 → 닫아요   받다 + 아요 → 받아요

> **Ex.**
> • 마크는 수업을 **들어요.** Mark takes classes.
>
> • 저는 매일 공원에서 **걸어요.** I walk in the park every day.
>
> • 가 생일에 무슨 선물을 **받았어요?** What gift did you get on your birthday?
>   나 저는 생일에 지갑을 **받았어요.** I got a wallet.

어휘 늘리기 Expanding Vocabulary

시간 표현 Expressions of Time

오전	morning, a.m.	낮	daytime
오후	afternoon, p.m.	저녁	evening
새벽	dawn, middle of the night	밤	night
아침	morning		

하루 일과 Daily Schedule

일어나다	to get up	식사를 하다	to have a meal
샤워를 하다	to take a shower	SNS를 하다	to use social media
화장을 하다	to do one's make-up		

기타 추가 어휘 Additional Vocabulary

경치	scenery, view	제주도	Jeju Island
동안	during	카메라	camera
시간	hour	컴퓨터	computer
외출	outing	포크	fork
젓가락	chopsticks	하루	day

1 N 전에, N 후에

Used after a noun to indicate before or after a scheduled time or action.

※ Can be used with the following nouns.

방학, 시험	1시간
외출, 식사	한 달
수업, 운동	1년

Ex.
- 저는 수업 **전에** 아침을 먹어요. I eat breakfast before class.
- 저는 수업 **후에** 점심을 먹어요. I eat lunch after class.
- 1시간 **후에** 수업을 들어요. I have a class in one hour.

2 N(으)로①

Attaches after a noun to indicate the means or method of doing an action. When the noun has a final consonant, 으로 is used, and when there is no final consonant, 로 is used. However, when following nouns with a final consonant ㄹ, 로 is used.

Ex.
- 가 무엇**으로** 사진을 찍어요? What do you take pictures with?
  나 저는 카메라**로** 사진을 찍어요. I take pictures with a camera.
- 연필**로** 이름을 써요. Write your name with a pencil.

CHAPTER

06 쇼핑
Shopping

6-1 이 가방이 얼마예요?
How much is this bag?

어휘와 표현 Vocabulary & Expressions

돈 Money

십 원	10 won	만 원	10,000 won
오십 원	50 won	오만 원	50,000 won
백 원	100 won	십만 원	100,000 won
오백 원	500 won	백만 원	1,000,000 won
천 원	1,000 won	천만 원	10,000,000 won
오천 원	5,000 won		

단위 명사[1] 1 Unit Nouns 1

개	thing (general counter)	병	bottle
권	volume	캔	can
명	person	켤레	pair

기타 추가 어휘 Additional Vocabulary

가격	price	붕어빵	bungeobbang (fish-shaped pastry)
감사합니다	Thank you	삼각김밥	triangle gimbap
계시다	to exist (polite)	샤프	mechanical pencil
과자	snacks	샴푸	shampoo
그럼	then, in that case	신발	shoes
담배	cigarette	안녕히 가세요	Goodbye ("Go well")
드시다	to eat (polite)	안녕히 계세요	Goodbye ("Stay well")
또	again	양말	socks

1) The numbers that come before unit nouns are usually read 한, 두, 세, 네, etc.

어서 오세요	Welcome	죄송합니다	Sorry (polite speech)
얼마	how much	직원	staff, employee
에어컨	air conditioner	천천히	slowly
여기요	Here, Here you are	콜라	cola (soda)
이야기를 하다	to speak, to talk	팔다	to sell
인기	popularity	피우다	to smoke
주무시다	to sleep (polite)	할인을 하다	to give a discount

문법 Grammar

1 N이/가 얼마예요?

An expression used when asking a price. Answered with N은/는 __원이에요 (N is __won.) or N은/는 __개에 __원이에요. (N is __won for __.)

Ex.
- 이 우산은 12,000원이에요. This umbrella is 12,000 won.
- 사과는 3개에 3,000원이에요. Apples are 3,000 won for 3.
- 가 이 빵이 얼마예요? How much is this bread?
- 나 이 빵은 1개에 2,600원, 2개에 4,500원이에요.
  This bread is 2,600 won for 1, and 4,500 won for 2.

2 V-(으)세요

Attaches to a verb stem and is used when ordering or requesting that another person does an action.

※ In the case of 먹다, 마시다, 잠을 자다, and 있다, a different form is used.

먹다	먹으세요 (X)	드시다	드세요 (O)
마시다	마시세요 (X)		
잠을 자다	잠을 자세요 (X)	주무시다	주무세요 (O)
있다	있으세요 (X)	계시다	계세요 (O)

Ex.
- 한국어로 이야기하세요. Speak in Korean.
- 손을 자주 씻으세요. Wash your hands often.
- 가 머리가 아파요. My head hurts.
- 나 이 약을 드세요. 그리고 일찍 주무세요. Take this medicine. And go to sleep early.

V-지 마세요

Attaches to a verb stem to indicate preventing the listener from doing a certain action.

Ex.
- 여기에서 사진을 찍지 마세요. Don't take pictures here.
- 화장실에서 담배를 피우지 마세요. Don't smoke cigarettes in the bathroom.

어휘와 표현 Vocabulary & Expressions

음식 Food

김밥	gimbap	아메리카노	americano
떡볶이	tteokbokki	오렌지 주스	orange juice
불고기	bulgogi	우동	udon
비빔밥	bibimbap	치즈 케이크	cheese cake
삼겹살	samgyeopsal		

단위 명사 2 Unit Nouns 2

그릇	bowl, plate	조각	piece
인분[2]	portion	줄	row, roll
잔	glass, cup		

기타 추가 어휘 Additional Vocabulary

결혼을 하다	to get married	음료수	beverage
김치	kimchi	이벤트	event
다음	next	잠깐만	one moment
돼지고기	pork	주문을 하다	to order
맵다	to be spicy	짜다	to be salty
메뉴	menu	쯤	about
문을 열다	to open, to start up	처음	first
별로	not really	특히	especially
사장님	boss, owner	하지만	but, however
유명하다	to be famous	한강	Hangang River

2) The numbers that come before 인분 are read 일, 이, 삼, 사, etc.

1 V-고 싶다

Attaches to a verb stem to indicate something the speaker wants or hopes for. Used with first- or second-person subjects.

Ex.
- 저는 주말에 한강에 가고 **싶어요**. I want to go to the Hangang River over the weekend.
- 저는 홍대 근처에서 신발을 사고 **싶어요**. I want to buy shoes near to Hongdae.
- 가 엠마 씨, 뭘 먹고 **싶어요**? Emma, what do you want to eat?
- 나 비빔밥을 먹고 **싶어요**. I want to eat bibimbap.

2 안 A/V

Used before a verb or adjective to indicate negation.

※ In the case of N을/를 + 하다, 안 is placed before 하다 and is used as N을/를 안 하다.
　안 공부(를) 하다 (X)
　공부(를) **안** 하다 (O) to not study

※ The 있다 in 맛있다 and 재미있다 changes to the negative 없다 to become 맛없다 and 재미없다.
　안 재미있다 (X)
　재미없다 (O) to be boring

A/V-지 않다

Attaches to a verb or adjective stem to indicate negation. This is a longer form of 안 A/V.

Ex.
- 이 신발이 **안** 비싸요.　＝ 이 신발이 비싸**지 않아요**. These shoes aren't expensive.
- 첸은 숙제를 **안** 했어요.　＝ 첸은 숙제를 하**지 않았어요**. Chen didn't do his homework.
- 가 영화가 재미있어요? Is the movie fun?
- 나 아니요, 재미**없어요**. No, it's boring.

어휘와 표현 Vocabulary & Expressions

단위 명사 3 Unit Nouns 3

다발	bunch, bouquet	살	year
마리	animal	송이	bunch, flower
벌	pair	장	sheet

수 3 Numbers 3

열	10 (ten)	예순	60 (sixty)
스물	20 (twenty)	일흔	70 (seventy)
서른	30 (thirty)	여든	80 (eighty)
마흔	40 (forty)	아흔	90 (ninety)
쉰	50 (fifty)	백	100 (hundred)

한국 음식 Korean Food

김치볶음밥	kimchi fried rice	된장찌개	doenjang stew
김치찌개	kimchi stew	삼계탕	samgyetang
냉면	naengmyeon	순두부찌개	soondubu stew

기타 추가 어휘 Additional Vocabulary

강아지	puppy	여기요	Excuse me
광장시장	Gwangjang Market	좀	please
더	more	치킨	fried chicken
망원시장	Mangwon Market	티셔츠	T-shirt
모두	all, everything, everyone	표	ticket
시장	market		

1 V-고 싶어 하다

Attaches to a verb stem to express what the speaker wants or wishes for. −고 싶어 하다 is used with third-person subjects.

> **Ex.** • 빈은 한강에서 치킨을 먹고 **싶어 해요**. Bin wants to eat fried chicken at the Hangang River.

2 N만

Attaches after a noun to indicate that noun alone is chosen to the exclusion of all others. Depending on the noun, it is also used in the forms N에서만 and N에만.

> **Ex.** • 제 친구는 커피**만** 마셨어요. My friend only drank coffee.
>
> • 저는 평일에**만** 한국어를 배워요. I only learn Korean on weekdays.
>
> • 첸은 식당에서**만** 밥을 먹어요. Chen only eats meals at restaurants.

Chapter 01 한글

1. 표기

한글은 기본적으로 음절 단위로 쓴다. 한글의 음절은 '모음', '자음+모음', '자음+모음+자음'으로 이루어진다.

① **모음** : 모음으로 시작하는 음절의 경우 음가가 없는 'ㅇ'을 쓴다.

② **자음+모음** : 자음의 오른쪽 옆이나 아래에 모음을 쓴다.

③ **자음+모음+자음** : 모음 다음에 오는 자음을 '받침'이라고 한다. 받침은 모음의 아래에 쓴다.

2. 문장 구조

한국어 문장은 기본적으로 '주어-서술어'의 구조로 이루어져 있다.

3. 조사

한국어는 다양한 조사가 있다. 조사를 통해 문법적인 관계나 의미를 나타낸다. 아래 문장을 예로 보면 명사 뒤에 '가'가 붙어 문장의 주어가 되고 '을'이 붙어 목적어가 됨을 알 수 있다.

4. 띄어쓰기

한국어의 문장은 단어와 단어 사이를 띄어서 쓴다. 조사는 앞말에 붙여서 쓴다.

Chapter 02 소개

2-1 저는 첸이에요

- **어휘와 표현**

  1) -씨 : 보통 다른 사람을 부르거나 가리킬 때 이름 뒤에 '씨'를 붙여 말하지만 자신의 이름 뒤에는 붙이지 않는다.

- **문법**

  1 N이에요/예요

  명사 뒤에 붙어 그 명사가 문장의 서술어가 되게 한다. 그 기본형은 명사 뒤에 '이다'를 붙인 'N이다'의 형태이다. '이다'의 서술형은 '이에요/예요'로 의문형은 '이에요?/예요?'로 쓴다. 명사에 받침이 있으면 뒤에 '이에요', 받침이 없으면 '예요'를 쓴다. 다만 본 과에서는 '저는 N이에요/예요' 형태로 제시해 자기를 소개할 때 사용하는 표현으로 학습한다.

  2 N은/는

  명사 뒤에 붙어 문장에서 다루는 내용이나 정보, 설명에 대상, 주제임을 나타낸다. 받침이 있는 명사 뒤에는 '은', 받침이 없는 명사 뒤에는 '는'을 쓴다.

2-2 이것이 무엇이에요?

• 어휘와 표현

1) 그것 : 듣는 사람에게 가까이 있거나 듣는 사람이 생각하고 있는 사물을 가리키는 지시 대명사이며, 앞에서 이미 이야기한 대상을 가리키는 경우에도 사용한다.

• 문법

1 이/그/저 N

지시 대명사로 명사를 구체적으로 가리킬 때 사용하는 표현이다. '이/그/저' 뒤에 지시하고자 하는 명사를 쓴다. 지시하고자 하는 대상이 화자에 가까운 것은 '이', 청자에 가까운 것은 '그', 화자와 청자에 모두 먼 것은 '저'를 쓴다. 대상에 대한 정보가 없다면 '이것, 저것, 그것'을 쓰고, 구체적으로 알고 있다면 '이 N, 그 N, 저 N'로 쓴다.

2 N이/가

명사 뒤에 붙어 문장의 주어임을 나타낸다. 또한 새로운 화제를 도입할 때 쓴다. 다만 본 과에서는 질문의 표현으로 한정해서 학습한다. 명사에 받침이 있으면 뒤에 '이', 받침이 없으면 '가'를 쓴다. '누구', '저', '나', '너'의 경우 '이/가'를 사용할 때 다음과 같은 형태로 쓴다.

※ '이/가' vs '은/는'

이/가	은/는
(1) 문장의 주어임을 나타낼 때 쓴다.	(1) 어떤 대상을 설명하거나 소개 등을 할 때 쓴다.
(2) 새로운 화제를 도입할 때 쓴다.	(2) 앞에서 이미 말했거나 알고 있는 대상을 말할 때 쓴다.
	(3) 둘 이상을 대조하여 말할 때 쓴다.

2-3 한 단계 오르기

• 문법

1 N의

명사와 명사를 연결하여 앞 명사가 뒤 명사를 수식하게 하는 조사이다.

※ '나, 저, 너'에 '의'가 붙은 '나의, 저의, 너의'는 줄여서 '내, 제, 네'로도 쓰인다. '집, 가족, 나라, 회사' 등과 같이 소속된 단체를 언급할 때에는 '우리의'가 아닌 '우리'라고 쓴다.

> 나 + 의 → 내   저 + 의 → 제   너 + 의 → 네   우리 + 의 → 우리

2 N이/가 아니에요

명사의 부정 표현이다. 명사에 받침이 있으면 뒤에 '이 아니에요', 받침이 없으면 '가 아니에요'를 쓴다. '아니에요'의 기본형은 '아니다'이다.

3-1 학교에서 한국어를 배워요

• 문법

1 V-아/어요

동사와 형용사의 어간에 붙어 공식적인 자리보다는 일상적인 만남에서 편하게 쓰거나 친분이 있는 관계에서 윗사람에게 쓴다. 또는 처음 만났거나 친하지 않아서 높여야 하는 경우에도 쓴다. 동사 어간의 모음이 'ㅏ,ㅗ'로 끝나면 '-아요'를 쓰고, 그 외 모음이면 '-어요'를 쓴다. '하다'는 '해요'로 쓴다.

※ 동사나 형용사는 어간과 어미로 이루어져 문장에서 쓰일 때 그 형태가 변하는데 이를 활용이라고 하고, 활용할 때 변하지 않는 부분을 어간이라고 한다.

먹다 : 먹 + 다
　　　　어간　어미

※ '뭐 해요?' vs '뭐예요?'

뭐 해요?	뭐예요?
동사를 질문할 때 쓴다.	명사를 질문할 때 쓴다.

N을/를

명사 뒤에 붙어 문장의 목적어임을 나타낸다. 명사에 받침이 있으면 뒤에 '을', 받침이 없으면 '를'을 쓴다.

※ 'N(을/를) 하다' 형태의 동사는 'N하다'로 조사가 생략되어 쓸 수 있다.
일(을) 해요 – 일해요　　공부(를) 해요 – 공부해요

2 N에서

명사 뒤에 붙어 어떤 행위나 동작이 이루어지고 있는 장소임을 나타낸다.

3-2 홍대에 가요

• 어휘와 표현

1) 백 : 백 이상의 자리수를 셀 때는 천(1,000), 만(10,000), 십만(100,000), 백만(1,000,000), 천만(10,000,000)으로 쓴다

· 문법

1 N이/가 있다/없다

'있다'는 어떤 사물이나 사람의 존재를 나타내는 표현으로 반대말은 '없다'이다.

N이/가 N에 있다/없다

어떤 사물이나 사람이 존재하거나 위치하는 곳을 나타내는 표현이다.

※ N에 : 장소나 위치를 나타내는 명사에 붙어 사람 또는 사물이 존재하거나 위치하는 곳을 나타내는 조사

2 N에 가다/오다

조사 '에'가 장소 명사 뒤에 붙어 이동 동사 '가다, 오다'와 함께 쓰여 목적지로 이동함을 나타내는 표현이다.

※ 'N에 다니다' : 직장이나 학교 등의 기관을 정기적으로 갔다 옴을 나타내는 표현이다.

3-3 한 단계 오르기

· 문법

1 N과/와

명사 뒤에 붙어 여러 사물이나 사람을 열거할 때 사용한다. 일상적인 말하기에서는 'N과/와' 대신에 'N하고'를 자주 사용한다. 명사에 받침이 있으면 뒤에 '과', 받침이 없으면 '와'를 쓴다.

2 N도

명사 뒤에 붙어 여러 가지 대상을 나열하거나 어떤 대상에 더함을 나타낸다. 'N(장소)에서도/N(장소)에도' 등의 형태로 사용한다.

※ '도'는 '은/는', '이/가', '을/를'과 함께 쓰지 않는다.

Chapter 04 날짜

4-1 오늘이 며칠이에요?

• 문법

1 N월 N일이에요

날짜를 말할 때 사용하는 표현이다. 날짜를 물을 때는 '(몇 월) 며칠이에요?'로 질문한다.

N요일이에요

요일을 말할 때 사용하는 표현이다. 요일을 물을 때는 '무슨 요일이에요?'로 질문한다.

※ 'N이/가 언제예요?'로 질문하는 경우 다음과 같이 다양하게 대답할 수 있다.
가 : N이/가 언제예요?
나 : N은/는 N월 N일 / N요일 / 오늘 / 내일…이에요.

2 N에

명사 뒤에 붙어 어떤 동작이나 행위, 상태가 일어나는 시간이나 때를 나타낼 때 사용한다.

※ 단, '오늘 / 어제 / 내일 / 매일 / 매주 / 지금 / 언제' 뒤에는 '에'를 사용하지 않는다.
오늘에 도서관에서 공부를 해요. (X)
오늘 도서관에서 공부를 해요. (O)

4-2 어제 홍대에서 친구를 만났어요

• 문법

1 '으' 탈락

형용사와 동사의 어간이 모음 '—'로 끝나는 경우, 모음 '—'는 '-아/어'로 시작하는 어미와 결합할 때 탈락한다. '—' 앞 음절의 모음이 'ㅏ,ㅗ'인 경우 '-아요'를 쓰고, 그 외 모음이면 '-어요'를 쓴다.

2 A/V-았/었어요

동사와 형용사의 어간에 붙어 상황이나 사건이 일어난 때가 과거임을 나타낸다.

N이었어요/였어요

명사에 받침이 있으면 뒤에 '이었어요', 받침이 없으면 '였어요'를 쓴다.

4-3 한 단계 오르기

- ### 문법

  1 무슨 N

  명사 앞에 붙어 무엇인지 모르는 일이나 대상, 물건 따위를 물을 때 사용한다.

  2 N과/와 (같이)

  명사 뒤에 붙어 어떤 행위나 동작을 함께 하는 대상 등을 나타낼 때 사용한다. 말을 할 때나 글을 쓸 때
  사용하며 주로 격식적인 자리에서 쓴다. 명사에 받침이 있으면 뒤에 '과', 받침이 없으면 '와'를 쓴다.

  ※ 일상적인 말하기에서는 'N과/와 같이' 대신에 'N하고 같이'를 자주 사용한다.

Chapter 05 일상

5-1 지금 몇 시예요?

- ### 문법

  1 N부터 N까지

  '부터'는 명사 뒤에 붙어 어떤 동작이나 상태에 관련된 범위의 시작을 나타내는 표현이다. 끝나
  는 시점을 나타낼 때는 명사 뒤에 '까지'를 쓴다.

  ※ '부터'와 '까지'는 각각 쓸 수도 있다.
  　다음 주 목요일**부터** 여행을 할 거예요.
  　오늘 8시**까지** 잤어요.

  2 A/V-고

  동사와 형용사의 어간에 붙어 두 가지 이상의 행위나 상태, 사실을 나열함을 나타내거나 동사
  에 붙어 행위를 시간 순서에 따라 연결함을 나타낸다.

  ※ 나열의 의미를 나타낼 때는 과거형을 쓸 수 있지만, 순서의 의미를 나타낼 때는 과거형을 쓸 수
  　없다.
  　첸은 떡볶이를 먹었**고** 엠마는 김밥을 먹었어요. (O)
  　한국어 수업을 들었고 친구를 만났어요. (X)

  N(이)고

  여러 명사를 나열할 때 쓴다. 명사에 받침이 있으면 뒤에 '이고', 받침이 없으면 '고'를 쓴다.

※ N(이)고 vs N과/와

N(이)고	N과/와
명사로 끝나는 문장을 두 개 이상 나열할 때 쓴다.	두 개 이상의 명사와 명사를 나열할 때 쓴다.
• 이것은 연필**이고** 저것은 볼펜이에요.	• 책상 위에 연필**과** 볼펜이 있어요.
= 이것은 연필이에요. 그리고 저것은 볼펜이에요.	

5-2 이번 주말에 청소할 거예요

• 문법

1 V-(으)ㄹ 거예요

동사의 어간에 붙어 앞으로 일어날 일, 계획, 미래의 전망 등을 나타낸다. 동사 어간에 받침이 있으면 '-을 거예요', 받침이 없으면 '-ㄹ 거예요'를 쓴다.

2 'ㄷ' 불규칙

받침 'ㄷ'으로 끝나는 동사 중 일부는 모음으로 시작하는 어미와 결합할 때 받침 'ㄷ'이 'ㄹ'로 바뀐다. '묻다'는 '물어보다'의 형태로 자주 쓴다.

※ 다음 단어는 불규칙 활용을 하지 않는다.

닫다 + 아요 → 닫아요   받다 + 아요 → 받아요

5-3 한 단계 오르기

• 문법

1 N 전에, N 후에

명사 뒤에 써서 일정한 시간이나 어떤 행동의 전, 후를 나타낸다.

※명사에 쓸 수 있는 어휘는 다음과 같다.

방학, 시험	1시간
외출, 식사	한 달
수업, 운동	1년

2 N(으)로①

명사 뒤에 붙어 어떤 행위의 수단, 방법임을 나타낸다. 명사에 받침이 있으면 뒤에 '으로', 받침이 없으면 '로'를 쓴다. 단, 받침이 'ㄹ'인 명사 뒤에는 '로'를 쓴다.

 **쇼핑**

6-1 이 가방이 얼마예요?

• 어휘와 표현
1) 단위 명사 앞에 오는 숫자는 보통 '한, 두, 세, 네,…'로 읽는다.

• 문법

1 N이/가 얼마예요?

가격을 물을 때 사용하는 표현이다. 'N은/는 __ 원이에요.', 'N은/는 __ 개에 __ 원이에요.'로 대답한다.

2 V-(으)세요

동사의 어간에 붙어 상대방에게 어떤 행동을 할 것을 명령, 요청할 때 쓴다.

※ '먹다', '마시다', '잠을 자다', '있다'의 경우, 다른 형태가 쓰인다.

먹다	먹으세요 (X)	드시다	드세요 (O)
마시다	마시세요 (X)		
잠을 자다	잠을 자세요 (X)	주무시다	주무세요 (O)
있다	있으세요 (X)	계시다	계세요 (O)

V-지 마세요

동사의 어간에 붙어 듣는 사람에게 어떤 행위를 하지 못하게 함을 나타낸다.

6-2 커피를 한 잔 마시고 싶어요

• 어휘와 표현
2) 단위 명사 '인분' 앞에 오는 숫자는 '일, 이, 삼, 사,…'로 읽는다.

- 문법

1 V-고 싶다

동사의 어간에 붙어 말하는 사람이 원하거나 바라는 내용을 나타낸다. 주어가 1,2인칭일 때 쓴다.

2 안 A/V

동사와 형용사 앞에 쓰여 부정의 의미를 나타낸다.

※ 'N을/를 + 하다'의 경우는 '안'의 위치가 '하다'의 앞에 쓰여 'N을/를 안 하다'로 쓴다.
   안 공부(를) 하다 (X)
   공부(를) **안** 하다 (O)

※ '맛있다, 재미있다'의 '있다'는 '맛없다, 재미없다'와 같이 '있다'의 부정어 '없다'로 쓴다.
   안 재미있다 (X)
   재미없다 (O)

A/V-지 않다

동사와 형용사의 어간에 붙어 부정의 의미를 나타낸다. '안 A/V'의 긴 부정의 형태이다.

6-3 한 단계 오르기

- 문법

1 V-고 싶어 하다

동사의 어간에 붙어 말하는 사람이 원하거나 바라는 내용을 나타낸다. 주어가 3인칭일 때는 '-고 싶어 하다'를 쓴다.

2 N만

명사 뒤에 붙어 다른 것을 배제하고 유독 그것을 선택함을 나타낸다. 같이 사용하는 명사에 따라 'N에서만 / N에만' 등의 형태로 사용한다.

MEMO

MEMO

MEMO

MEMO

Hi! KOREAN 1A

문법·어휘 학습서

Hi! KOREAN은
문법·어휘에 대한 체계적인 학습을 바탕으로,
말하기와 듣기, 읽기, 쓰기의 전 영역에 걸쳐 균형 있는 활동이 가능하도록 구성되어 있습니다.
더불어 한국 문화의 최신 트렌드를 만날 수 있는 통합 한국어 코스북입니다.

✚ 언어의 모든 기능을 체계적으로 향상시킬 수 있는 한국어 코스북!

✚ 본교재과 워크북의 풍부하고 다양한 기능별 집중 연습!

✚ 별도의 문법·어휘 학습서와 QR 코드를 통한 음원으로 간편한 학습!

✚ TOPIK 유형 기반의 듣기, 읽기, 쓰기 영역 활동으로 TOPIK 대비까지!